Funnyeve・繪圖
趙庭嬅・文字　王品涵・翻譯

手機女孩不勉強時間管理法

目錄

序　獻給被時間追著跑的「未生」 6

角色介紹 12

第1章 為什麼我的人生總是繁忙而無趣？

把今天的快樂推向明天的世界 16

深信「忙碌才正常」的人們 22

我的人生有「時間小偷」？ 27

媽，可以讓一讓嗎？ 35

輕鬆工作的致命吸引力 41

遲到大王的隱情 46

沒時間戀愛的謊言 51

第2章 用我的風格，管理我的時間

時間管理造成我們不自在的原因 58
時間管理的目標：「活出眞我」 64
私人計畫手帳 70
不是晨型人也無妨 75
越勉強，越容易失敗…… 80
時間不是敵人 85

第3章 讓時間成為我的好夥伴

即使計畫消失，紀錄依然留存 92
愉悅的心，讓一小時變一分鐘的魔法 98
從職場女強人，變身朋友或情人 104
全神貫注，讓時間消失的魔術 110
多重作業VS.單一作業 117
拒絕吧！因爲我的時間很寶貴 122
委託，交代別人也沒關係 127

第4章 自動自發遵守目標的設計方法

讓目標容易執行的五大魔法 134
魔法1 從過去找尋教訓
魔法2 清楚眞心想要的人生價值
魔法3 撰寫「未來履歷」
魔法4 抓住適合自己角色的平衡點
魔法5 創造不得不遵守目標的環境

第5章 我的美妙時光

發呆 154
逃脫時間緊迫逼人的祕訣 160
爲了當下 165
沒有什麼「時機一到」 171
少「搜尋」，多「思考」 176
改變我的十五分鐘 181

第6章 創造全新模式

時間的絕對與相對 188
時間不是金錢 194
被時間管理背叛時 199
兩種時間，chronos與kairos 204
時間與人際的關係 210
浩瀚的時間，浩瀚的想法 216

結語　時間，不是用來管理，而是用來享受 222
附錄　百分百實現的神奇目標設計法 227

序

獻給被時間追著跑的「未生」

「時間證明一切。就算不問，時間這個多話的傢伙也會告訴你。」

—歐里庇得斯

今天又遲到了。狂響最後一次的鬧鐘，搭配老媽的背部扣殺，開啓我的一天。媽媽碎碎念道：「有時間躺著玩手機，不如早點睡！」隨意塗點保養品，剩下的再在捷運大展化妝神功就好……遲到了一分鐘……幸好沒被組長發現。踏入職場後，「平安無事度過每一天」便成了我的座右銘。究竟能不能在今天時間截止前，完成堆積如山的事呢？看來今天又逃不過加班的命運了……

啊！天天期望週末快來，天天嚷著時間不夠用，只等待週末到來的我的人生。

繼續這樣也無所謂嗎？

繼續這樣，真的無所謂嗎？

身爲人生教練的我，遇過難以數計的人，我知道他們內心深處所渴望的並不是成功、權力或財富。這些只是你我在社會化過程被無形灌輸的概念，同爲自然生物一分子的人類，期盼自己的生活能藉此維持富足、平穩。如此汲汲營營於追求成功，正是因爲深信唯有如此，才能天天隨心所欲地過生活。

於是，人們不停地跑、不停地跑、不停地跑。爲了不浪費一分一秒，爲了繃緊神經迎戰未來，不眠不休地向前跑。然而，很諷刺的是，越是如此，我們離自己內心期望的充實人生越遠。繁忙最終只換來無力，重複著甚至不知爲何而忙的生活。

將這本書送給用心生活卻不感滿足，或永遠覺得時間不夠用的人。此外，也獻給二十歲至結婚前的青春生命們。

坦白說，二十幾歲是一生中最能隨心所欲活用自己時間的時期。不必再像高中生一樣，在學校從清晨待到第二天早上；也不必像已婚人士一樣，下班後還得背負家庭責任。

可是，二十幾歲卻是近來活得最忙的一群人。對他們而言，既沒有時間主導權，也沒有訂定自我人生哲學的閒工夫。活在「好自為之」的國家，看不見未來，甚至連餬口飯吃都難如登天。看著他們活得恍如從未擁有自己的人生般無力，眞的很痛心。

即便身處所有年齡層都深感絕望的時代，我抱持著希望：「只要願意跟隨自己速度與節奏樂活的年輕人變

多，世界是否也能放慢速度，變成更值得生活的環境呢？」寫下這本書。

書中囊括我們無法自由運用時間的原因、妥善運用時間的訣竅、自然而然完成夢想的設計目標方法……藉此形塑二十一世紀必備的時間觀，打造「專屬於我的時間樂活法」。

無論是經常看著時鐘卻不知準時為何物的人、試過各式時間管理法都沒什麼效果的人、還不清楚究竟要怎麼生活的人，本書能幫助各位在任何情況皆擁有成為時間主人的自信與從容。

希望大家重新找回與生俱來的泰然和充實，過自己眞正想要的生活，並創造自己專屬的時間。時間的主人，就是人生的主人。

為了讓二十幾歲的人更有共鳴，更輕鬆接受全新的時間觀，特於文中安排可愛的角色登場。風靡Facebook、Naver Band、LINE Camera等各大社交平台，締造下載次數破億紀錄的手機女孩敏（MiM），正是本書主角。
希望透過討喜的敏不勉強的日常成長過程，激發讀者們一起發現活用自己時間的勇氣。

MiM Facebook：www.facebook.com/MobileGirlMiM.tc

誰不知道～
還不是些要大家努力生活的話！
誤會大了！
什麼才是努力生活？
過得忙，
不就是努力生活嗎……
咦！等一下！
十年、二十年……
都過得這麼忙也無所謂嗎？
啊……
心都涼了一半……
該好好
讀一讀才行！

角色介紹

約瑟夫斯

全世界敏最喜歡的約瑟夫斯，其實是朵企圖征服地球的外星花。每當下雨時便會不停擺動，不難發現它最喜歡的是雨滴。

熊阿姨

照顧敏的熊。敏稱呼為「阿姨」。本來是可怕的灰熊，卻因為敏非常喜歡北極熊，特地把自己染成白色。即便手太大無法煮飯，仍擁有不同於外貌的善良心地。

手機女孩敏

只要有手機，就算在無人島也能獨自生活的手機女孩敏！

不過，和許多人所擔心的不同，除了手機，她還有許多感興趣的事物。花、自拍、邊吃泡麵邊玩遊戲、邊旅行邊傳訊息等等。

此外，敏曾勇奪「手機訊息競速大賽」第三名、「吃泡麵競速大賽」第二名等壯舉，堪稱古靈精怪經歷界的翹楚。

敏的弱點是，只要手機一沒電，就會陷入生不如死的痛苦深淵……正與熊阿姨、約瑟夫斯、貓一起克服這項弱點，幸福快樂地度過每一天！

貓

敏居住的社區裡，最受歡迎的明星。

一旦直視貓的眼睛，就會被催眠，任誰也無法抵抗其魅力。不過，敏卻對貓沒興趣。為了吸引敏的注意，做出各種莫名其妙的事。

喔！別根據你的手錶責備我。
手錶永遠走得太快或太慢，我無法繞著手錶而轉。

珍・奧斯汀（Jane Austen）

第1章

為什麼我的人生
總是繁忙而無趣？

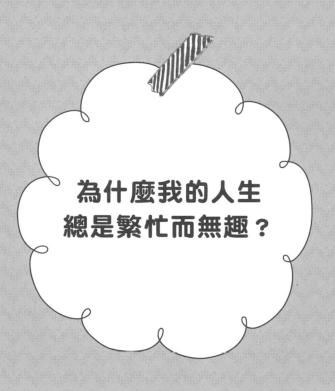

把今天的快樂
推向明天的世界

二十五歲，滿懷希望地展開新生活，一心以爲人生的重大考驗都已結束。就像大家說的，只要成功就業，便只剩下如何當個「厲害的職場女強人」一事了。曾以爲能過得像電視劇主角一樣，光鮮亮麗地穿著套裝、帥氣地做簡報，卻隨即在不久後，領悟到現實與電視劇間，著實有著太大的差距……甚至有種「不過是個小員工，有必要包裝得這麼厲害嗎？」的受騙感覺。雖然薪水每個月準時入帳，卻不如踏入職場前所期待的快樂……有點像在一片喧譁中射門得分，歡聲雷動的觀眾卻突然消失不見，重新回到原點的感覺？

嶄新人生的馬拉松，每隔一公里就能看見寫著「忍」字的看板佇立。準備就業前，目標曾經那麼清晰，現在卻連爲了什麼咬牙苦撐都那麼不清晰。對於過去引頸企盼這種生活的自己，倍感空虛。個個因爲成功就業而興高采烈的人，總把「這就是人生啊」「現實總是無可奈何」掛在嘴邊。不禁開始好奇「我們究竟爲了什麼而奮鬥」？

仔細想想，好像不是第一次有這種念頭。只要是度過學生時期的人都知道，高三整年都在渴望著大學考試快點結束，總覺得只要進大學，一切都能迎刃而解。然而，正式入學後，考上的歡樂心情只維持了一下子，大學並不如憧憬的浪漫。突然出現青春期根本不懂的認同感混淆問題，戀愛也好，人際關係也好，沒有一樣東西能輕鬆搞定。再加上，近來總說進大學的同時也是就職準備的開始，汲汲營營於學分與履歷，又度過了與高中生沒什麼不同的四年。

大錯特錯了好長一段時間。是不是該爲了尋覓抓不住的海市蜃樓，日復一日地過著無暇感受快樂的生活，不斷被時間追著跑呢？

繼續這樣下去，人生很明顯只是為了升職、更好的房子、更好的車子之類的「剎那快樂」而活。可是，我想要的只是「今天快樂」，僅此而已……

只要做完這個就好

現在很忙，以後再說

因為沒有錢

因為沒有時間

不是現在

還不夠

大家都這樣過生活，無可奈何

這些都是支配我們生活的話。相較於滿足與快樂，人們的「今天」永遠充滿著

我快樂的原因

第一

因為身邊有我
最愛的手機

第二

裡面安裝各種
讓我快樂的Apps！

第三

而且大部分免費！

可是，
偶爾不快樂的原因……
電池也消耗太快了吧！

不滿與空虛。大家總認爲現在的不滿足，能迎來更好的明天，所以沒關係。但是，一如所有人都被大學考試騙過一次，世上沒有「只要做完這個就好」。**現在不快樂的人，即便夢想的未來到來，仍有極高的可能性會因某種原因而不快樂**。到時候，不滿與空虛的心態依舊如影隨形……學會感受當下的快樂，需要相當的練習。

我們追求未來目標的同時，也能快樂度過今天。只是你我從未好好學過正確的方法，找到未來目標對自己獨有的意義，學會快樂、幸福地度過每段時間的方式，一切都不是不可能。

因此，不要放掉今天的快樂！有想見的人，就見；有想吃的食物，就吃。這些都對「今天的我」有意義，猛然想起的人，能帶來歡樂與智慧；突然想吃的食物，能同時供給身體此刻需要的營養與腦內啡。

延到明天，就沒有意義了。「今天」，就是我們最重要的時間。

我現在快樂的3大原因

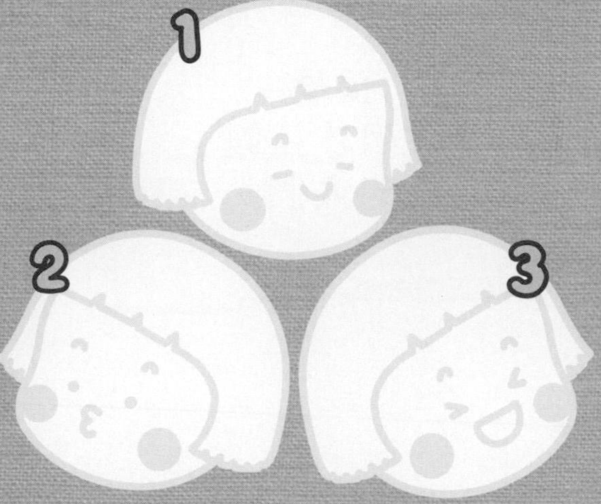

「今天」是過去「夢想未來」的一部分，一定有什麼比從前更好的事情。試著找出三個以上「我快樂的原因」吧！每當不快樂時，便這麼做！

深信「忙碌才正常」的人們

人們總默默覺得不忙碌是件丟臉的事。很諷刺的是，明明嘴裡老叨念著不喜歡這麼忙……偶然遇到同事或朋友時，最常接在「過得好嗎？」的下一句問候語正是：「最近忙嗎？」即便不忙的人，也很難回答「最近很閒」「每天都在玩」，深怕對方誤認自己是「沒事做的人」。因此，大部分的回答是：「沒特別做什麼，卻老是很忙。」

我們的人生在不知不覺中，高達百分之九十是由潛意識控制。就算腦海深處想著「好累」「好想休息一下」，潛意識卻強烈相信「得做些什麼才行」

「休息就是懶惰」，導致心情無法放鬆享受。

突然空出時間時，反倒不知道該做什麼；沒能事先擬定週末或休假計畫時，甚至還會覺得坐立難安。

我們從何時開始認爲自己「忙碌才正常」呢？回頭想想，我們從未隨心所欲用過屬於自己的一段「長時間」。高中時，擔心學生一放假就變懶散，學校會安排許多課外輔導；大學時，也幾乎被實習、打工等有的沒的事情塡得毫無空閒時間。談到沒有自己的時間，一旦進入職場，就更不用說了。

面對從未做過的事，任誰都會感到茫然、恐懼，「閒暇」也是如此。對許多人而言，相較於從容與充電，「閒暇」更自然地令人聯想起穿著運動服遊手好閒的模樣、不再與任何人聯繫的孤單、被世界隔絕在外的心情。於是，我們的潛意識爲此寫下結論：「閒暇是落魄的代名詞，比不上被時間追著跑的忙碌」。

好，再問一個問題。做好時間管理後，各位打算利用空出來的時間做什麼？一心想著完成更多的事，卻始終無法擺脫時間不夠用的念頭。

被時間追著跑，只是遲早的問題。

因此，我們必須從潛意識丟棄「**忙碌才正常**」的想法，打破「**忙碌生活才能邁向成功人生**」的幻想。老是擔心閒閒沒事的我、沒有任何人作伴的我、沒有任何打扮的我，怎麼可能從容地享受閒暇時間？

現在，呼喚身體深處的「閒人」吧！試看看自己能「閒」到什麼程度？想學會忙有忙的樣子、閒有閒的樣子的生活態度，可得堅持到底才行。

敏不讀書～
也不工作～
可是為什麼這麼忙呢？

到底在說什麼？

社交

・瘋狂和朋友傳訊息聊天。

讀書與討論

・看看即時搜尋榜第一名到第十名是什麼。
・重溫堆積如山的漫畫。
・向網路負評開戰。

自我啟發

・研究最美的自拍角度&鑽研Photoshop。
・用眼睛逛街，培養時尚觸覺。

運動

・看著上傳到社群網站的搞笑照片，以腹式呼吸法大笑。

嗯……今天明明打算度過
有意義的一天……

記住！時間管理並不是要讓我們過得更忙，而是要讓你我學會以從容的心情過生活。忙也好，閒也好，不再被時間束縛，才是真正的自由。

我的人生有「時間小偷」？

一提到「時間小偷」，立刻讓人想起遊戲、手機等具強烈成癮性的活動，或賴床、遊手好閒等懶惰的生活習慣。然而，像這樣十分鐘、二十分鐘，一點、一點吃掉時間的，只能算小扒手。眞正的時間小偷出手可不同，短則數年，長則終其一生都活在它的掌控下。究竟是什麼偷走大家的人生呢？

仔細閱讀後，回頭檢視自己的生活吧！

1）沒有目標的人生

完全沒有人生目標的人，其實很罕

抓到了！
時間小偷！
別動!!
你罪孽深重，
必須判處死刑！
好像也不是什麼大罪，
改判緩刑！
緩刑兩年期間，
我會嚴密監控你！

見。一般人都會爲了創造更好的未來，爲了自己的夢想而活。

然而，眞正的問題在於，所謂「夢想」根本不是自己的夢想。高中生想考上好大學，大學生想進入好公司，上班族想成家立業……耗盡一輩子的時間，只爲達成這些夢想，是每個人的人生縮影。依循這種模式，人生中曾有段時間那麼渴切完成的目標，時間一久，無疑只是成爲下個目標的踏板罷了。如果進大學僅是想拿到漂亮的學歷，而不是爲了滿足對知識的好奇與學習的欲望，那麼那四年除了一紙文憑，毫無意義。

仔細想想，人生充滿許多爲了達成某些目標而存在的踏板，卻沒有最終目標。沒有目標的人生，就像耗盡電池用量的世界一樣；能量不足的人生，即便訂好計畫，執行過程也變得有氣無力。此外，爲了迎合如同漲潮般席捲而來的他人目標，自己永遠只能過著被時間追著跑的生活。

所謂「穩定生活」，應該對自己富有某種意義，並能真心說出「這種生活真好」！時間管理最重要的第一點：訂定自己的人生目標。

2）不喜歡的職業

引起所有上班族共鳴的事：不太能盡情享受星期日晚上播映的《Gag Concert[1]》。面對新的一週到來，越不喜歡自己的工作，星期一上班前鋪天蓋地而來的憂鬱程度越強烈。就算不用工作時，只要稍微想到工作，便會開始變得憂愁、焦慮的人，心境和工作中沒什麼不同。如此看來，對於一週工作四十小時的多數上班族而言，事實上卻耗費更多時間掛心於公事。

如果不喜歡自己的工作，工作期間既不快樂，效率也差。於是，一年的時間就在苦等著午餐時間、下班、週末、放假中度過了。**做不喜歡的工作，如同勉強和不喜歡的人交往，是相當不幸的人生**。邊做自己不想做的工作，邊想做好時間管理，如同和不愛的情人交往，卻硬要慶祝紀念日一樣，毫無意義，也毫無效果。

1 韓國著名喜劇小品節目。

3）執著於無法掌控的事情

「今天天氣怎麼這麼差？浪費了我的大好週末！」「分手的男朋友爲什麼不和我聯絡？」「好想變得受歡迎，眞希望所有人都喜歡我！」諸如此類的想法，通通屬於執著於無法掌控的事情。

尤其是執著於早已過去的錯誤或榮耀，以及尚未到來的未來，都極為愚蠢。永遠別忘記，你唯一能掌控的，只有當下！

與過去或未來糾纏的同時，當下也在不斷流逝，不是眞眞正正地浪費時間嗎？

4）擔憂

究竟擔憂與時間有什麼關聯性呢？擔憂讓人無法確實執行目標，深陷無止境的煩惱。人們總喜歡「追求完美」，其實大部分只是個藉口，重點在於擔心失敗而拖拖拉拉，最終反倒無法貫徹計畫。

「究竟要不要和喜歡的人聯絡呢？」「這間公司錄取人數很少，究竟要不要投履歷呢？」「現在有其他想完成的事，究竟要不要辭職呢？」……深陷反覆不斷的苦惱；最嚴重的情況是「朋友，你覺得我要不要剪劉海？」

對這種人，我無話可說……就算對這種人講了一大堆，他們也不會付諸行動。

為了這種煩不煩惱根本沒差的事，消耗過多時間操心、擔憂，無疑是浪費時間。

此外，擔憂也會讓「拒絕」變得猶豫不決。說不出「ＮＯ！」的理由，與其說是因爲人太好或責任感太重，更大的可能性是源自擔心對方責備與失望。一定要記住，若因爲無法拒絕，通通「ＹＥＳ！」導致累積的事情越來越多，卻無法好好開始做應該做的正事，最終只會落得被時間追著跑的下場。

二十四小時不夠用～～
要跟朋友聊天傳訊息～～
還要上網～～

「時間小偷」讓你失去主導時間的能力。抓住真正的時間小偷，小扒手也會自動消失不見。現在起，好好鎖住小偷，靠自己的力量捍衛自己的人生、自己的時間。

媽，可以讓一讓嗎？

時間與金錢不同的是，別人給不了，也搶不走。這是多麼幸運的事啊！人人均等，對我們來說，甚至該有種「賺到了」的感覺。即便如此，有時卻無法百分百運用自己的時間，因爲我們永遠隸屬某些複雜團體關係的一員，而不是「一個人」；尤其是在意社交關係與他人視線的人。

現在，讓我們看看到底是誰在假裝主人，奪走我的時間。

1）父母

不同於西方國家，我們離開父母獨

立的時間偏晚。於是，父母扮演了太久自子女青年時期後就該結束的監護人角色。**即使子女長大成人了，仍然事事干涉，「去見誰！不要見誰！」「不要做這個工作！」剝奪子女成為自己人生主人的機會**。過了二十歲，還有因父母而不能做的事，畏懼來自父母的壓力，絕不是值得驕傲的事。

2）SNS朋友們

SNS的朋友越多，光看他們上傳的東西，都得花上好一段時間。有時得替根本不認識的人「按讚」，然後看下面有什麼留言；有時甚至沒來由地覺得「除了我，大家都過得很快樂」而感到憂傷。**真的有必要把這片廣場的喧鬧不休，通通聽進耳裡嗎**？

手機訊息也是如此，在韓國有過半的女大學生一天花兩小時使用手機傳訊息；就算是自己沒興趣也不太重要的聊天群組，也因爲團體壓力而無法退出。

如果想好好做些什麼事，門外卻經常有人按門鈴，有辦法順利完成事情嗎？每當認識的人透過SNS傳來通知時，我們卻成了不斷開門的人。

3）能量吸血鬼（Energy Vampire）

能量是人類的活動根源。有些人總能在見面時帶來歡樂與力量，有些人卻很奇怪地讓人覺得自我能量被耗損，而後者又名「能量吸血鬼」。**滔滔不絕地說別人壞話、發牢騷的人，只顧說自己的事卻絲毫不聽別人說話的人，開些令人不快的玩笑或人身攻擊的人，都屬於能量吸血鬼**。這類人或許因此獲得療癒，甚至默默覺得很有趣也說不定；與他們見面的人卻得投入自己的時間，消耗自己的能量。萬一身邊有能量吸血鬼的話，請先做好心理準備，希望各位不要花太多時間在他們身上。

4）職場上司

越對自己的工作沒自信，或越在意他人眼光的人，越容易受上司一舉一動影響，他們的一句責備，足以讓人坐立不安一整天。**即便身為聽令於上司的屬下，上**

敏，妳時間的主人是？

司也不能成為我職場生活的主人。公司與上司同樣不樂見這種情況發生，自己才該成爲自己工作時間的主人。無論上司可不可怕、個性怪不怪，都無須花費過多的精神。越討人厭的上司，面對立場鮮明、不屈不撓的部屬，越容易示弱。公司只是一輩子必須經歷的眾多地方之一，不要忘記自己進公司是爲了做好工作。

如同時間，快樂同樣是別人給不了、也搶不走的。即使身陷複雜的人際關係，自己的時間、自己的快樂，都該由自己負責。只有我，才是我人生的主人。

輕鬆工作的致命吸引力

有個朋友曾在樣品屋打過工，她說自己以後絕對不再接這種工作，卻因爲缺錢又打了同樣的工；日薪兩千五，只要做幾星期就能賺到爲數不少的錢。全國各地有許多樣品屋，朋友主要在非首都圈打工，雖然公司會提供住宿，算一算飯錢、妝髮費用，機會成本其實也不低。

專注於這份工作的代價裡，包含放棄其他工作附帶的價值。朋友每天花八小時在樣品屋工作，剩下的十六小時卻無法脫離工作場所周圍。

不做這份工作的話，大可利用這些

時間做其他工作、讀書、做自己有興趣的事。

許多人渴望獲得輕鬆的打工、工作，因此努力尋找錢多事少離家近的工作。運氣好得不得了時，說不定眞能找到輕鬆賺錢的好工作，但世上沒有白吃的午餐，想找這樣的工作根本難如登天。

第一，即便只是一塊錢，雇主也會拚了命想節省人事費。如同員工想多領一點薪水一樣，所有人都希望自己手中握有較多的錢；如同沒有追求錢少事多的員工一樣，只要換個立場，就能知道「輕鬆工作」實在少之又少。

第二，肯支付較多的錢，個中必有原因。在最低時薪不到一百八十元的韓國，願意不顧最低薪資，每小時多付三百～五百元的話，其中必然存在其他理由。要不身體累得要死，要不嚴重耗損精神……

話雖如此，聽說還是有些不累、又高薪的輕鬆打工，例如：座談會工讀、神祕購物者等，只是如此罕見的打工機會，得做幾次才能賺到一筆錢？身處資本主義社會，事事向「錢」看固然不是什麼怪現象，只是希望大家務必記得比金錢珍貴的時間，會在賺錢過程中慢慢流逝。反正都是打工，找份與十年後自己所在位置稍微扯上邊的事來做，才是明智的選擇。

哇～好可愛！

呃……時薪三百的工作，再忍忍……
屁股都
長痱子了ㄒㄒ

真正賺大錢的事業，是金錢無法換算的興趣、價值、學習等大事；時間價值高的工作，才是真正的好工作。

遲到大王的隱情

創立摩根大通集團的約翰·摩根（John Pierpont Morgan）赴法時，巴黎當地有家報社死纏爛打地要求他接受採訪。向來十分討厭接受訪問的約翰·摩根，提出報社必須支付一分鐘二百五十法郎的費用，自己才願受訪。記者於訪問一開始便如此說道：「請先收下五百法郎。我投資了二千法郎在與您會面一事，因爲我的一分鐘價值一千法郎，既然現在已經過了兩分鐘……感謝您願意與我見面！」有些手足無措的摩根，這才驚覺自己有多麼傲慢。隨即抓住打算離席的記者，接受了好一陣子的訪問。

大多數的人都忽略一件事：別人的時間和自己的時間同樣重要。其中尤以經常遲到的人，更顯極端不懂尊重他人時間。不單單是五分鐘，而是若無其事地遲到十五分鐘、三十分鐘，次次等待的人實在很難忍住怒氣。從學校或公司，就能判斷出一個人是不是「遲到大王」，除了性格懶散外，似乎還有其他隱情……不妨讓我們聽聽遲到大王們的內心話。

1）不願吃虧的心態

「難道你沒想過別人苦等的心情嗎？」是遲到大王常常聽到的話。一想到別人在等自己，他們內心當然也深感抱歉、焦急，然而，卻有種情緒遠遠比歉疚更強烈，那就是「不願吃虧的心態」。「萬一自己提早到了，多出來的時間不是很浪費嗎？」於是他們會想「比起在那裡空等，倒不如抓準時間，等一下再出門。」「太早到可能會被店員趕走，等大家都到了再出現就好。」問題來了！內心盤算著準時現身的遲到大王，公車、捷運卻不如他們預期的時間出現，這些時間往往沒被算進

第二次的鬧鐘
還沒響啦……
妳剛剛關掉了！
接下來已經是第
四次鬧鐘了……

該死的手機！
計程車！
計程車！
計程車！
是時候
換手機了！
砰！

他們的「如意算盤」，也因此永遠難逃氣喘吁吁的遲到命運。

2）不值得重視的對象

即便遲到大王們不想承認，原因卻正是赴約的人不是他們所害怕的對象才會遲到。假設不是相約吃午餐或逛街，而是面試或出國呢？他們絕對不會遲到的！以每次遲到一小時的人爲例，對他們而言，赴約對象只是一杯無色無味的「水」，每每不痛不癢地以爲「就算生氣了，只要道個歉就好啦！這點小事哪會改變我們的情誼？」職場在他們眼中，想必同樣占據不值得重視的地位。

「哇！根本在講我啊……」看完上述文字突然背脊一涼的人，下次務必提早出門，試著成爲等待的那個人。提前赴約，不但心情輕鬆許多，也能從容享受一整天的時間。經歷過職場生活的人都知道，每天像犯了什麼罪似的追趕時間，最終只會搞得自己筋疲力竭。

英國軍事指揮官霍雷肖·納爾遜曾說：「我人生的成就，歸功於任何時刻都提早十五分鐘抵達。」尊重別人的時間，與對對方的信任成正比，一心不想吃虧，反倒失去對方對自己的信任，真正吃大虧的不是對方，而是自己。現在起，預留充裕的時間，從容赴約吧！

沒時間戀愛的謊言

「姊，眼看就要畢業了，我很擔心自己能不能找到好工作。」

「嗯……話說妳有男朋友嗎？」

「沒有，我已經兩年沒交男朋友了。」

「那先談戀愛吧！」

面對憂心工作的學妹，我苦口婆心地答道。雖然聽起來有點答非所問，卻是眞心爲了她們好的答案。當然不是所有人都該時刻處在戀愛中，但對於戀愛，我一向主張「談不了戀愛就談不了戀愛，說決心不談戀愛都是騙人的」。

勢必會有人回答：「才不是這樣好嗎？你知道現在的大學生有多忙嗎？哪有時間……」我清楚得很，構思小組報告、學分、準備作品展、考多益、實習、就業準備、打工等，排滿數之不盡的活動要完成。

那我問各位一個問題：「究竟為了什麼過得這麼忙？」

「當然是爲了找到好工作啊！」

「OK！找到好工作是為了什麼？」

「找份好工作，賺一筆錢，很好啊！」

「很好！那麼賺大錢之後，又有什麼好處呢？」

「這樣就能完成自己想做的事啊！現在不管男生、女生，自己都得有點能耐才可以跟不錯的對象交往。」

「BINGO！最終就是想遇見自己愛的人，然後幸福快樂過日子啊！為什麼不從現在就開始呢？」

坦白說吧！不是因爲忙得沒時間談戀愛，而是害怕談戀愛。當一個人長時間不談戀愛，開始變得邊嫌棄相遇、離別，以及熟悉彼此的過程麻煩，邊畏懼失敗的愛情又傷害了自己，必須重新經歷煎熬的時期。

最重要的是，越來越沒自信。自己夢想的工作和愛情，究竟能不能兩者兼顧呢？

事實上，愛情需要投入極大的能量。然而，我們卻也能在對方身上獲得其他地方無從取得的能量。這與共度多少時間並無關聯，關鍵在於這是不是一段彼此深愛、信賴的關係。即便人的能力有限，有了愛，卻無所不能。

我之所以如此讚揚戀愛，是因爲沒有任何東西足以比擬「愛」。愛，能讓一個人在不知不覺中學懂人生必備的一切要素。初次遇見那個人後，盼著對方能愛上自己，然後相愛、爭執、和解，接著說服與理解，最後受傷、復元……一幕幕的電視劇情，成就了更加成熟的我們。

若是擔心迫在眉睫的就業問題，不妨先決心成爲對方最具完美吸引力的情人，然後帶著灌滿對方愛意的自信與閃閃發亮的眼神去面試吧！比起僅用履歷武裝自己的單身人士們，浸在愛裡的澎湃青春，倍顯耀眼。這足以讓一個人更令人印象深刻。哪有比得上學會兼顧戀愛與工作，如此有效率的時間管理呢？

雖然我過得超忙
還是打算努力成就美妙的愛情～
最近推出很多交友軟體喔～
看看這些人想說什麼？
不是繃到極點的六塊
肌，就是進口車照片。
男生1
男生2
妳有什麼資格說別人？
<淋漓盡致的Photoshop功能>
皮膚美白
放大瞳孔
削骨
還我～!!

就算現在沒有愛人，也別感到挫折！誰也不知道命中注定的那個人，會從什麼地方、用什麼方式出現！因此，再忙也要留 2% 魅力吸引異性。感受到這份魅力的某人，立刻就會朝你狂奔而去。

聰慧地活用經驗，做任何事都不是浪費時間。

羅丹（Auguste Rodin）

第2章

用我的風格，管理我的時間

時間管理
造成我們
不自在的原因

原來如此！至今我就像隻被野狼追著跑的兔子，每天忙於慌張逃跑；野狼沒追上來時，也只顧著睡覺。爲什麼自己在不知不覺中變成這副德性呢？從現在開始，就算只有一天，我也想活得像天際邊的星星般，緩慢閃爍，光芒卻猛烈得耀眼。希望可以每天晚上告訴自己「今天過得很好」，然後帶著笑意入睡……那麼，應該如何開始呢？

試著想想，假設某個看起來像專家的人，在「快樂」後加上「管理」（management）一詞，大家便開始會不知不覺認爲「最近快樂管理做得不好」「嘿，現在好好管理一下快樂吧」。無形中將「快樂管理」變成日常生活的一部分，如何？是不是突然覺得「快樂」變得像公事？不知爲何，甚至還覺得擁有「快樂」好困難。

時間管理也一樣。一如所有人都想擁有快樂般，按照自己的意志善用自己的時間，是人類的基本欲望。然而，當「時間」也加上「管理」時，「時間管理」頓時成了難以實踐的目標，彷彿變成業績很好的上班族或忙得不可開交的CEO的專有名詞。準備厚重的記事本，在年曆/月曆/週曆/日曆設定目標，安排待辦事項的輕重緩急……當大家提起「時間管理」，自然會聯想到這番過程。坦白說，我也討厭這種型態的時間管理。大家早已厭倦了……每天都要爲了「管理」什麼而活，已經筋疲力竭了，到底還要我們「管理」多少事？

光想到時間管理就覺得壓力很大

現在我們需要的，**是不需要勉強管理的時間管理法**。偶爾虛度光陰，偶爾朝著目標狂奔，最終達成「自己擁有時間的主導權」。

或許有人認為「時間有限，絕不允許浪費」，這也正是時間需要「被管理」的原因，在此我想問問這些人：「空間呢？有限？無限？」

如果只想到此刻自己所在之處，或許覺得「有限」，但只要把牆打掉，空間便能相互貫通；時間亦然，只要拿走時鐘，界限也會隨之崩解。因此，時間的本質究竟是什麼，並不是三言兩語能釐清的簡單問題（很好奇的話，不妨直接跳到最後一章）。

認爲「時間有限」「必須善加管理」，只是對時間理解的部分概念，這樣的概念督促你我成爲天天努力生活的人，偶爾卻反成了牽絆。假如告訴被野狼追著跑的兔子，逃跑不是唯一出路時，無論是兔子（或任何人）便再無理由抗拒接受更宏觀的時間概念。

兔子爲了變成遨遊銀河的星星，勢必要讓逼迫自己得時刻提高警覺的野狼消失。追趕我們的，正是「時間有限」「時間就是金錢」等固有觀念，只要一天不擺脫觀念強壓的枷鎖，時間管理對我們永遠是壓力。若想眞正掌握時間，眞正隨心所欲，務必拋開迄今的所有時間管理法。

哲學家韓秉喆於《時間的香氣》提及「人類如果顧著埋首創造極大化的生產力，無疑只會淪為『工作的動物』，就此失去享受時間獨有的香氣」。身處21世紀的我們，是時候改變既有模式了。

時間管理的目標：「活出真我」

修習領導能力或時間管理課程時，首先要做的是撰寫「使命宣言」（mission statement）；再厲害的企劃案，最先呈現的章節也絕對是「使命宣言」。所謂「使命宣言」，囊括人生願景、目標、策略、價值觀等內容。

「我是為了做＿＿＿＿＿而生，
為了達成目標，我將會＿＿＿＿＿。」

文章型態大致如上，藉由使命宣言讓人釐清自己的人生目標。

傾盡肚裡的一切單字，寫好使命宣

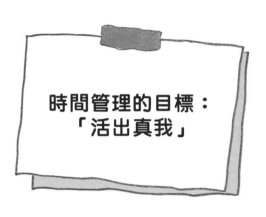

言後，自己似乎在不知不覺中躍身成一個優秀的人，相當滿足。

然而，滿足感卻隨著時間流逝減弱。只有少數人會一直記得使命宣言，實際照著撰寫內容生活的人，更是少之又少。

爲什麼會這樣？簡單來說，因爲使命宣言根本不是自己的東西。從小開始，我們都被要求「當個乖孩子」「當個正直的學生」「找有前途的工作」，不斷被教育的讀書、工作都與成功的（或能存活下來的）社會生活息息相關。長期籠罩在這樣的氛圍，實在很難從中發現眞我（true self）。相信跳脫主修、職業、生產力，專注於本能想做的事情，就等於浪費時間，最終我們開始認爲獲得父母、家人認同的目標，即是自己期盼的願景。可是，以華麗詞藻包裝的使命宣言，終究不屬於我。

接連不斷地問：「如何才能生活得快樂？賺大錢後想要什麼樣的生活？」最後抵達的結論是：「我想隨心所欲生活」。

人之將死，或許第一後悔的事，正是：「終其一生都在過別人想要的人生，而不是我想要的……」

既然人生如此，不禁好奇我們究竟需不需要壯麗的使命宣言呢？如果人最終只有一個目標的話，不就是「活出眞我」嗎？還有比這個更遠大的目標嗎？如果神創建了存在這個世界的我的人生，想必也注定了要我「忠於自我地精采過生活」。

哲學家姜信珠曾說「活出眞我，需要極大的勇氣」，並表示：「若試圖了解眞我，我們必須直接去嘗試什麼對自己有好處、什麼對自己有壞處才行；如果試都不試，最後別人將成爲自己人生的導演，而自己只能成爲依循別人命令動作的演員。」

不曾活過「自己人生」的人，需要花很多時間才能弄清楚自己是什麼樣的人。直到辭去工作，成爲人生教練前，我最少花了三年……至今，我仍持續走在了解自己的路途上。

敏，妳是誰？
一想到我，
勢必是這種形象吧？
真正的妳，是誰？
哈哈哈
偶爾好像也需要一點
「假我」。

如果沒辦法自信回答「自己是否活出眞我」？不妨在閱讀完以下文字後，從今開始好好思考。

所謂「活出真我」，即是「隨心所欲」。

一天十分鐘也好，一星期一、兩小時也好，試著做自己眞正想做的事。不要吝嗇耗費在這些事的時間與金錢！我們進行時間管理的唯一目標，就是爲了「活出眞我」。

為了自己導演自己的人生，需要專屬自己的劇本。想要準備專屬自己的劇本，首先得徹底了解自己。

試著寫出十個以上別人不知道的「真我」形容詞；然後先別妄自判斷是好是壞，憑直覺寫下十個以上「自己喜歡的東西」。

私人計畫手帳

Q.這個人是誰？

十八世紀的美國政治家、科學家，家境富裕卻生活簡樸，以傑出的自我管理能力聞名。二十三歲時，他立下誠懇、沉默、節制、節儉等美德，並窮盡一生時間實踐，被譽爲「美國第一個偉人」「無瑕的完美清教徒」，其名言爲「時間就是金錢」「今日事今日畢」等。最後一個提示：全世界最多人使用的手帳有他的名字！

A.班傑明・富蘭克林（Benjamin Franklin）

隨著手機普及化，時刻帶著手帳的人數顯然減少許多。可是，當提及時間管理時，很多人仍會第一時間想起手帳或記事本，仍把更換日記本當成迎接新年的儀式。

當人們前往大書店購買手帳時，心情就像買了一大堆題本的考生般，決心奮發：「從今天起，我要有系統地規劃行程，完成夢想！」於是，第一個月傾盡全力寫滿手帳，用著繽紛的色筆裝飾文字，這樣的日子卻沒能持續太久……起初密密麻麻的手帳，時間一久，空白處也越來越多。

時間管理往往淪爲三天打魚兩天曬網的原因爲何？因爲我們和班傑明．富蘭克林根本是截然不同的人。事實上，富蘭克林手帳是他與生俱來的時間管理手冊，他可是花了足足五十年的時間，天天規律實踐自己立下的十三項美德的人啊！對我們來說，追隨品德完美的偉人腳步，無疑自討苦吃。

將這種方式套用在性格與他完全不同的人身上，手帳最終只會成爲經常遲交的功課。當手帳上的文字，成了工作，也因此把自己搞得更忙……實在沒必要讓自己變成富蘭克林。最重要的是，找出能好好實踐自己計畫的獨門方法。

面對時間的處理方式與觀點，人人不同。有人適合以「分鐘」爲單位，把時間

敏的時間單位

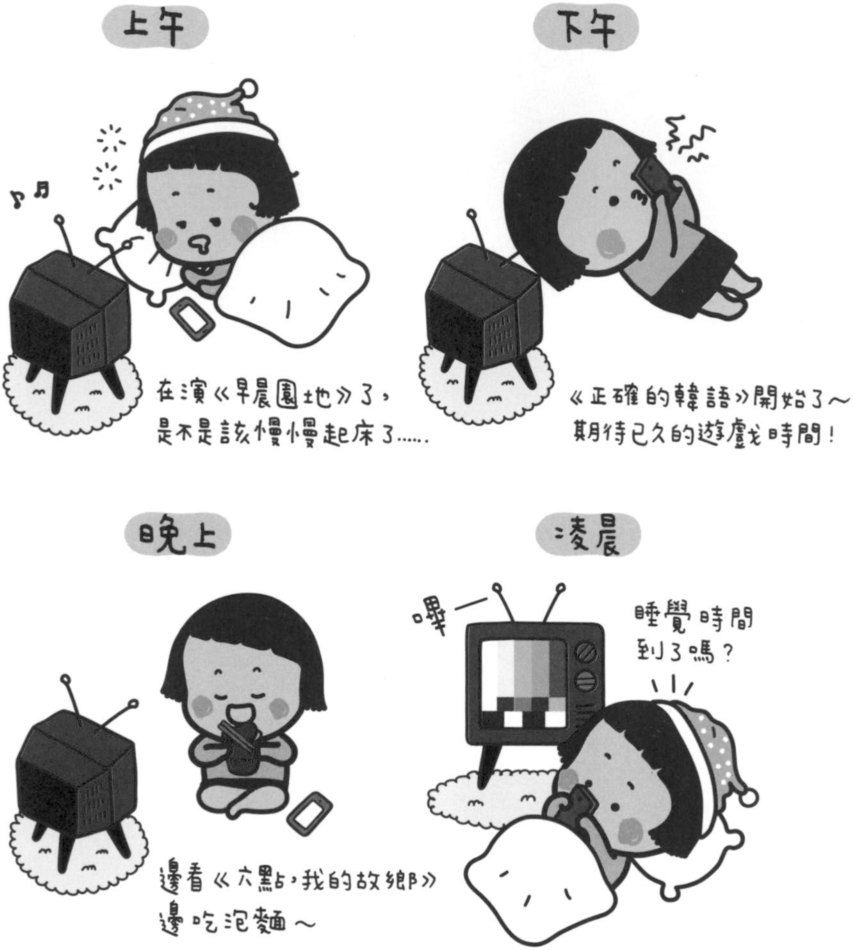
上午
在演《早晨園地》了，
是不是該慢慢起床了……
下午
《正確的韓語》開始了～
期待已久的遊戲時間！
晚上
邊看《六點，我的故鄉》
邊吃泡麵～
凌晨
嗶—
睡覺時間
到了嗎？

TV是我專屬的計畫手帳

＊出現的電視節目名稱皆爲韓國電視節目。

切成零碎運用；有人適合以「工作或企劃」爲單位，把時間聚成組合運用。每三十分鐘就得轉換表演場地的歌手，以及隨時可能湧現靈感的作曲家，適用同款手帳管理時間嗎？

舉例來說，學生以一學期爲單位，上班族以一季爲單位，可是對每月結算業績的售貨人員而言，每一個月都是重要的基準單位；對每天都得處理不同新聞事件的記者而言，時間表即以一天爲單位運作；對一天得下數十項決定的CEO而言，則會把一小時分成四等分，以十五分鐘爲一單位運用；如果是藝術家或自由工作者，通常都會以案子時程爲單位，而非時間。

因此，想製作自己的專屬手帳，首先要了解適合自己的時間單位。究竟該將一天時間切成零碎處理呢？還是以一目了然的全年企劃案時程爲擬訂標準呢？

雖然手帳有獨特的手作風味，但利用手機進行自己的時間管理更具效率。每週重複的工作只要輸入一次即可，而且還能設置提示鈴。為防手機裡的行程消失，務必設定與電腦同步備份；善用適合的應用程式管理行程，也是很好的方法，具代表性的程式包括Any.do、Naver Calendar、Google Calendar、Informant（付費）等。

不是晨型人也無妨

起床時間左右成功與否的說法，現在看來或許不太合理，但的確有過一段大家都想當「晨型人」的潮流。當時，夜型人委屈地吶喊：我們不是故意晚睡，而是根本睡不著。

原因在於，每個人的生理時鐘不同。不看時鐘無從得知現在的時間，可是我們的身體能自然感知陽光，重複活動、休息，正確維持二十四小時的循環週期。體內的生理時鐘，正是扮演自動調節作息的角色。

所謂生理時鐘，實際是受到一種名爲「褪黑激素」的荷爾蒙影響。這種促進睡眠的荷爾蒙分泌後，我們才能安穩入眠。據說人在青少年時期，凌晨十二點才會分泌褪黑激素，這段時期的小孩若不顧生理時鐘晚睡的話，勢必會從八點開始的第一節課起，疲倦一整天。

生理時鐘不僅隨著年紀有所不同，其實每個人都有自己的生理時鐘。由於生理時鐘與生俱來，勉強改變的幅度有限。不規律的混亂生活，或強迫減少睡眠時間以增加清醒時間的話，被擾亂的生理時鐘徒增身體負擔。

最重要的是：掌握自己的生理時鐘。善用適合自己生理時鐘的白天與夜晚，才能創造朝氣蓬勃的一天。依循適合自己的生理時鐘活動，身體會輕鬆許多，還能迅速完成過去因不符生理時鐘運作而累積的工作。

近來有許多企業開始推行「彈性工時」，未來勢必會出現更多的遠端辦公或線上教學，讓大家都能按照自己的生理時鐘生活。

試著思考下列問題，只要出現超過三個同類型的答案，即是各位天生的生理時鐘。因此，不要因爲某些時段感到特別無力和疲憊而自責，相信自己體內的時鐘，積極善用適合自己的時間表，才是最重要的。

你是晨型人？

還是夜型人？

週末自然醒的時間大約是幾點？

白天與夜晚，何時精神比較好？

一天之中，心情最好的時段是什麼時候？

上班前與下班後，偏好什麼時候運動？

如果能選擇上班時間，喜歡上午或下午？

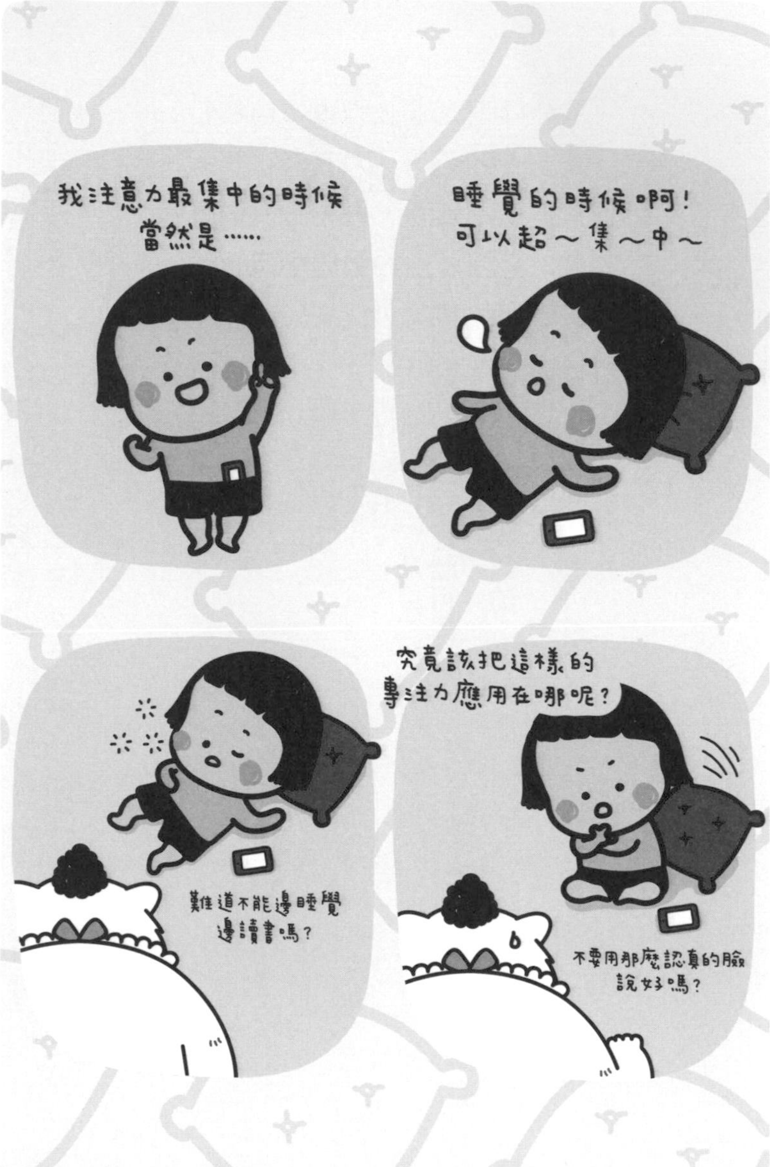
我注意力最集中的時候
當然是……
睡覺的時候啊！
可以超～集～中～
難道不能邊睡覺
邊讀書嗎？
究竟該把這樣的
專注力應用在哪呢？
不要用那麼認真的臉
說好嗎？

不分晨型人或夜型人，自然有人二十四小時活力充沛，有人整天提不起勁。以十分為最高分，標註注意力最集中且心情最愉快的時段，以時段劃分自己的生理時鐘。

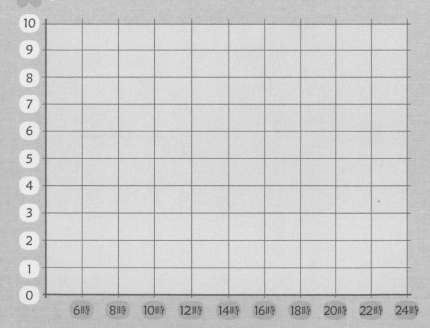

越勉強，越容易失敗……

童年的托爾斯泰（Lev Tolstoy）要哥哥陪他玩時，覺得很煩的哥哥告訴他，只要托爾斯泰在門口站到不再想起白熊，自己便陪他玩。「不過是別想白熊嘛！」托爾斯泰一心以爲是相當簡單的考驗，卻足足在門口站了好幾個小時。因爲越刻意不去想白熊，腦子裡越擺脫不了白熊。

哈佛大學的心理學教授丹尼爾·魏格納（Daniel M. Wegner）將這個故事實際變成實驗，並命名爲「白熊效應」，即越想著「不可以」，反倒越意外地執著。

這種現象也常見於我們的日常生活。越想入眠，越睡不著；上台報告或面試時，越想著「別緊張」，心跳越加速，說話越結巴。每到這種時候，總覺得自己體內好像住了隻不聽話的青蛙似的。

思考與行動背道而馳，原因在於我們大腦的運作方式。從聽見「不要想白熊」的瞬間起，大腦隨即浮現白熊；為了不想起某樣事物，大腦得先浮現該樣事物才行。如此諷刺的過程，反覆上演於我們下定決心的時刻。「不要浪費時間」「不要遲到」「不要暴飲暴食」「改變不良習慣」「不要發脾氣」「不要衝動購物」等等，即使通通基於好的出發點，卻很難付諸實行。

如同要趕走腦海中的白熊，似乎需要耗費一些腦力般，「絕對不可以做」的決心，再再侵蝕著人們的耐力。起初或許還能乖乖遵守，卻因需要持續耗損能量和控制能力，很快就會感到厭煩。像這樣強迫自己，無法持久，也沒有效果。索性不要拚命逼自己改變，尋覓其他更適合的方式才是明智之舉。

阿姨的身世祕密

不是因為妳說喜歡北極熊，
我才硬把自己染色的嗎……
（阿姨其實是灰熊）

不要浪費時間 ⇩ 時刻盡力做到最好
不要遲到 ⇩ 從容出發
不要暴飲暴食 ⇩ 均衡飲食
改變缺點 ⇩ 善用優點
不要發脾氣 ⇩ 想做就做
不要衝動購物 ⇩ 回家後還是念念不忘的話，就買吧

即使每每能完成的事情失敗了，也別灰心，只要自然地維持固有決心就好。想起某個計畫時，如果覺得心情愉快，完成計畫的可能性將增加兩倍。看來，我們的靈魂果然還是渴望快樂的啊！

卡爾・榮格（Carl Gustav Jung）曾說「你反抗的事，就會一直持續。」如果有些事需要不斷下定決心「絕對不做」，不妨試著別勉強改變，索性擺在腦海，或找尋更快樂的方法面對。此外，下定決心時，記得用正面的文字取代負面的文字喔！

時間不是敵人

最近大家最恐懼的是什麼呢？依據我們使用的語言和習慣，對比世界運轉的過程，最恐懼的三大事應該是「譴責」「貧窮」「疾病」。高達百分之九十的我們的煩惱，老是在擔憂沒意義的事，其中大多包含了上述三種恐懼。此外，還有一件人們害怕的事：時間。

即使譴責、貧窮、疾病，也不是能隨心所欲掌控的範疇，但是「時間」才是人類眞正碰觸不了的神的掌控領域。因此，即便身處人類已能活過百歲的時代，仍早早憂心老化，仍難以接受歲月無聲。

對許多人而言，時間像鞭趕自己的冷血司令官，或無意間一去不返的江水。世上有很多事都是分秒必爭，替急診病患施行心肺復甦術的醫生、衝進火勢蔓延的建築的消防員……對他們來說，一秒就是能改變一個人命運的時間；百米賽跑，以0.001秒的差異決勝負；每小時飛行數萬公里的太空船，絕不容許1/10000秒的誤差。

然而，不是全世界的人都得緊抓著「黃金時刻」而活，你我經歷的時光，大部分都是十分淡泊且平常。人生是各自的馬拉松，可是直到現在爲止，我們卻朝著同樣的方向，用跑百米的速度衝刺。爲了爭取時間，斤斤計較每一分、每一秒，太快或太慢，都足以牽動喜怒哀樂。

現在起，必須用更從容的角度去看待時間。即便我們因恐懼的譴責、貧窮、疾病而遍體鱗傷，時間不也像隻看不見的手般治癒了你我嗎？時間會陪著我成長，成爲替我記憶一切的好夥伴。

我的兩位父母，一位成功抗癌，一位正在進行治療。自很久以前，家中的書櫃

敏的恐懼三大事

1 摔到手機時
我……我做了
什麼蠢事……
嘖嘖……

2 手機電池只剩下1%時
恐慌
十分鐘也
受不了嗎?
到家前,至少得
再撐十分鐘吧!!

3 手機被偷走時
希望偷走我手機的人的祖宗
十八代……通通瘋狂拉肚子!
呃!
突然覺得肚子……

即擺著韓萬青博士的著作《超越5%存活率，我活過了16年》。雖不曾讀過這本書，但看著父母與癌症成爲朋友的模樣，我知道一切都如書名般眞能實現。

別再垂頭喪氣地「對抗時間」，試著和時間當朋友吧！

如果身邊有人感嘆著說「現在的我早已歷經風霜，大好時光一去不返啊！」時，不妨在內心獨白「對我而言，每年都是大好時光。時光越流逝，我便活得越瀟灑、越有智慧」。

偶爾想像停住最快樂、最興奮的時刻，反而感覺時間流逝得比往常快。換句話說，光陰似箭的感覺，其實也不是什麼壞事，因為這正是自己努力生活的絕佳證據。

無論任何情況，我們都能自己決定面對時間的態度，這就是成為時間主人的第一步。

工作效益不在於時間長短，
而在於真正做了什麼。

山姆．尤恩（Sam Ewing）

第3章

讓時間成為
我的好夥伴

即使計畫消失，紀錄依然留存

無人不知的「一萬小時定律」，即一個人如果想成爲某種領域的專家時，最少需要投入一萬個小時的理論。一萬小時，以十年計算，每天需投資三小時，或以三年計算，每天需投資十小時。「只要花時間？別做其他事不就得了！」一萬小時定律給了許多人這樣的希望。

辭去工作，選擇投身人生教練的我，總好奇自己何時才能成爲專家？即使一天三小時太少，十小時又太多，最後仍將一萬小時設爲目標。

「啊……今天整天都沒做什麼事

耶！」「今天過得還算用心！」自顧自地做出主觀評論，忽然好奇自己是否眞的按照計畫利用時間呢？因此，我製作了「一萬小時紀錄表」，開始記錄自己每天如何運用時間。內容包括教練相關的研究和習作，以及授課和指導時間。

連續記錄了三年時間，才發現原來每天投資超過三小時在自己的夢想，不如嘴巴講講般簡單。扣除睡覺時間，以及出門前的準備、通勤、吃飯、開會時間，根本無法有效使用完整的時間。

整天埋首學業的考生，坐在書桌前，眞正專心讀書的時間可能沒那麼多；每天最少工作八小時的上班族，也不一定一直在做與工作相關的事。一萬小時同樣不是件易事。

想要達成一萬小時目標的方法五花八門，當中最有效的方法是「記錄時間」。設定目標固然重要，能夠幫助目標完成的則是「記錄」。擬訂計畫時，所有人都會積極期盼著未來，抱持「今天有點累，跳過一天，明天一定出門運動」，相信「這個月忙得焦頭爛額，下個月一定會輕鬆許多」諸如此類不著邊際的信仰，再再導致我們的計畫失敗收場。

現在起，別再努力訂計畫了，實際記錄時間吧！記錄自己每天使用的時間，立刻看得見夢想與現實間的差異。親眼看看寫下的數字，無須強迫自己，也會自然而然出現「明天一定要做得更好」的念頭，同時減少訂定計畫卻無法實踐的愧疚與自我貶低。

即使一天只記錄一小時，只要能不斷維持，總有一天能填滿一萬小時。因此，我們只要用心記錄就好！

敏的讀書時間?!
CAM 13:00:03
CAM 13:12:21
轉轉
CAM 13:14:58
CAM 13:15:01
嗯……
八小時的課，
只有兩小時五十六分
二十一秒在讀書……
x2
x4

17	18	19	20	21	22	23	24	25	26	27	28	29	30	31	時間合計

如果出現了想實踐的計畫，試著記錄自己每天為此努力的時間！每次寫的時候，勢必都會露出滿意的笑容！

一萬小時Daily Log

月\日	1	2	3	4	5	6	7	8	9	10	11	12	13	14	15	16
1																
2																
3																
4																
5																
6																
7																
8																
9																
10																
11																
12																

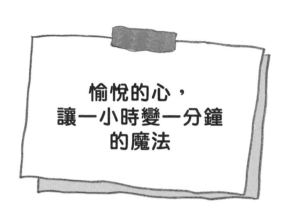

愉悅的心，讓一小時變一分鐘的魔法

有件事雖然不想再嘗試，卻因自己曾挑戰過而感到驕傲：高空彈跳。曾以爲「根本沒什麼」的我，當升上高空彈跳平台的電梯門一打開，身體瞬間凍結。站上平台，又退出平台……來回重複了三次，負責的教練開始使出激將法：

「這種人最後都跳不成啦！」於是，我一躍而下，三、二、一，Bungee！

別提什麼「敞開雙臂，瀟灑墜落」，自己活生生像條魚乾，全身蜷曲而下，頓時醒悟了一件事：我中了教練的計。直到現在，仍深刻記得當時的感受，彷彿再怎麼下墜，也不會回彈似的，不斷吶喊著「什麼啦！誰說五十公尺的？明明是兩百公尺！」對一條自由落體的魚乾而言，時間漫長得像是沒有盡頭。

可是，下來後看了看朋友幫忙拍的影片，高空彈跳根本在眨眼間就結束了……人生在世，感覺「明明是相同的時間，爲什麼度秒如年？」的原因，正是源自恐懼；同樣地，有時卻也覺得時間好像瞬間流逝殆盡般。針對魔法般伸縮自如的時間，時間心理學家發現原來是人類的感受影響了時間變化。

1）情緒

高空彈跳時，「恐懼」是讓我覺得時間龜速的原因。當我們的腦子初次塡滿某種強烈的可怕狀況時，一秒會變得比平常長許多；看恐怖片時，總感覺恐怖的畫面好像一直演不完似的，也是同樣的道理。

如同我們等待不知何時出現的朋友時，也會無聊、厭煩得感覺時間走得特別慢。相反地，當我們和喜歡的人一起度過美好時光，或觀賞好看的電影時，卻又覺得光陰似箭。情緒，正是造成時間忽長忽短的重要關鍵。

2）經驗

大家一定都試過造訪陌生環境時，總覺得回程比去程快很多。根據各項心理學研究，我們對時間變化的感覺，會隨著接收越多新資訊變得越慢。去程期間，腦海不斷輸入周圍風景與地形，回程卻只成了一閃而過的景色，才因此出現對時間變化的感知差異。一般人會覺得現在的一年比童年時短很多，原因同樣在於當時我們的腦海不間斷地接觸新的資訊與經驗。

3）意義

沒事做的週末，一直呆看著電視，回過神才驚覺已經過了三、四個小時，可是過幾天後，卻發現幾乎記不起電視演過什麼內容。因爲看電視對我們而言，並不具太大的意義。德國某位社會學家將這種藉由記憶壓縮時間的現象命名爲「電視悖論」（Television Paradox）。

你我每天使用的網路或手機，同樣適用這套理論。根據韓國某研究單位的分析結果，扣除通話時間，韓國人一天平均使用手機的時間是三小時三十九分。如果不是用手機做些有意義的事，占據整天六分之一的時間，似乎就像海市蜃樓一樣，無故從大家的記憶消失。

看完上述原因，不難解釋我們爲什麼經常覺得「一天好慢，可是一星期好快」。厭倦日常生活或面對龐大壓迫時，一天會變得非常漫長；反覆過著同樣的日子，即便過了整整一星期，也不會出現任何嶄新的體驗或有意義的事，也因此感覺一星期很短。

希波的奧古斯丁（Augustine of Hippo）主張「時間以記憶、注意、期待的形式存在人心」。如果想讓時間成爲自己的夥伴，內心得常保好奇與樂活的態度。離開學校後，別停止學習；跟愛人一起做喜歡的事情塡滿生活。如此一來，日日充滿趣事的一年，絕對會比童年時期的一年時間來得更長。

手機女孩的時間活用策略

①先營造恐慌的情況……
5%
②從事全新的體驗。
a
b
c
4%
abc
③事已至此，
不如做些更有意義的事。
2%
阿姨～
什麼都背不起來啦…… ㄒㄒ

各位一整天最常有什麼樣的情緒呢？占據各位一天比例最多的情緒，將左右時間分配。

平常是快樂、幸福呢？還是厭倦、憂鬱呢？想主導時間，維持快樂的心境相當重要。被時間追著跑的焦慮感，會讓人覺得時間流逝得更快，因此越覺得時間不夠。此時應專注眼前工作，而非分心在意所剩時間。

從職場女強人，變身朋友或情人

有一種女生，和同性朋友在一起時豪邁說笑，可是一接到男朋友的電話，立刻轉換成嬌嗲嗲的鼻音，儼然天生是個溫柔小女人般。這種女生不是心機重，而是「轉換模式」的達人。

大多數的人能在一天消化數種模式，以大學生爲例，即具備學生模式、戀人模式、工讀生模式、子女模式等。我們之所以經常覺得時間不夠、疲於奔命，正是因爲不斷轉換模式，導致無法喘息。

爲了熟習多樣化的事物，學會做好模式轉換是十分重要的事。適應減少轉換模式的時間，有助深入專注在一件事上。若煩惱自己總被無從避免的事情壓得喘不過氣，不妨記住下列的轉換模式祕訣：

1）認識轉換模式 

許多人都經歷過的Monday blue，即因沒能好好轉換模式所造成。週間模式已啓動，心裡卻還停在週末模式，無疑只會讓自己更痛苦。恨之入骨的星期一到來，重新倒數週末降臨。不過既然改變不了週間週末，欣然接受或許才是聰明的選擇。試過利用網路搜尋，發現星期一遞辭呈的比例最高。即便如此，實在無須爲了時間過了就沒事的星期一而虛度光陰。

2）專注於當下的模式 

隨時隨地破壞當下模式的罪魁禍首：手機。放眼餐廳或咖啡廳，許多人明明與朋友面對面坐在一起，卻各自緊盯自己的手機，這些人似乎早已遺忘他們的聚會模式很久了；用餐模式時，專心看著手機吃飯的人也不在少數。

《不思考的練習》的作者小池龍之介表示：「用餐時只應專注於對農夫和廚師的感激，以及舌頭的觸感與咀嚼滋味。」

此外，睡前躺著看手機也是極嚴重的問題。根據某位腦神經專家的研究，重複在床上做某件事時，大腦會認定躺下時必須連帶進行該件事。如果不想漸漸拉長睡眠時間，請放下手機，專注於睡眠模式吧！

3）準備進入下個模式

進入下個模式的十分鐘前，開始做好心理準備，能有效提高轉換模式的速度。改善Monday blue的最好方法，就是盡情享受週末時光後，盡量在星期日的夜晚好好休息，什麼也別做。

4）確實界定下班模式

對許多人而言，「擁有屬於自己夜晚的人生」堪稱是一生夢想。然而，有些人即便夜晚空閒，心境卻仍擺脫不了上班模式，不斷浮現「報告該怎麼結尾？」「上司爲什麼老是針對我？」「沒什麼適合新企劃的點子嗎？」偶爾甚至還把工作帶回家做。

擁有奮發工作的熱情固然是好事，不過很可惜的是，幾乎沒有人能在公司外的地方高喊：「Eureka[2]！」因此，離開公司後，讓身心靈全跟著下班吧！

---

2 在希臘文中表示「我發現了」「我找到了」等意思，又可譯為尤里卡。

轉換模式
好！
現在稍微休息吧！
ON off
啪噠
一小時……
四小時……八小時……
敏！
妳要繼續到什麼時候？
嚇一跳
我的開關
好像故障了……
ON off
明天得
送修一
下～

有種最容易被忘記的模式，名為「自我模式」。不需和誰一起，不需在意職業或所在單位，只要是獨處時光，就能變得快樂。若能充分享受獨有的「自我模式」，也能輕鬆轉換成其他模式。

全神貫注，讓時間消失的魔術

幾年前有位朋友向我炫耀「我最近學一樣東西學得津津有味！」當我詢問是什麼時，聽見她回答「色鉛筆著色」的我隨即脫口而出：「什麼？學著色？你說我們小時候玩的那種嗎？」心裡更是驚訝：「在美國攻讀完ＭＢＡ的姊姊，怎麼會冷不防跑去百貨公司的文化中心學著色呢？」然後她告訴我：「著色的過程，能一掃自己在公司累積的壓力，很棒！」

仔細了解後，才知道不是我們小時候用「雄獅色鉛筆」玩的那種著色，她指的是喬漢娜・貝斯福（Johanna

Basford）的《祕密花園》（Secret Garden）。隨著書籍大賣，也印證了她所言不虛。

就算乖乖待著，時間仍會主動追著我們跑，有時自然也想忘卻時間的存在，因此二〇一四年才會舉辦「發呆大賽」，著色書也才會橫掃所有暢銷榜。雜念通通消失，專心投入某件事的狀態即為「全神貫注」，以研究此領域聞名的心理學家米哈里．奇克森特米海伊（Mihaly Csikszentmihalyi）又將這種狀態命名為「心流」（Flow）。

許多人想要進入心流狀態的原因在於，忘我境界促使人百分百專注，從而獲得情緒的穩定。按照米海伊的說法「如同流水般的自在感受」「享受翱翔天際的自由」。陷入這種狀態時，數小時也像一剎那般飛速流逝。視時鐘顯示的時間為無物，不管時間變快或變慢，一心按照自己的步調完成眼前目標。

撇開天生擁有卓越專注力的人不說，其實透過練習也能提升專注力。需要全神貫注時，不妨跟著下列步驟，練習進入心流狀態吧！

1）阻擋不必要的外來資訊

開電視、他人干涉等，都會降低專注力。決定全神貫注的時段，務必關掉手機！

2）劃定自己的專屬空間

無論是四面圍牆的書房或寬闊的圖書館，選擇能讓自己心情最舒服、最專注的地方爲佳；有些研究甚至顯示咖啡廳的噪音，反倒有助專心。只要能在專屬空間內，掛上肉眼看不見的簾幕，感受只有自己一人的氛圍，即是全神貫注的最佳寫照。

3）反覆練習

就算沒能達到理想的專注程度，也要反覆練習，讓大腦適應全神貫注的狀態。一如只要學會騎腳踏車，身體便會自動記憶一樣，即使起初不太成功，也千萬別放棄，持續練習到能說出「太好了！感覺來了！」爲止。

敏苦讀中

在家或公司等共用空間做事時，試著貼上「全神貫注時間」的牌子，並寫上預計結束時間，其他人的合作也有助於提升專注力。

此外，只要進入全神貫注的狀態，就算只是坐著，也會消耗龐大的能量，因此結束後，務必好好休息才行。一般而言，以專注「二十五分鐘，休息五分鐘」「專注五十分鐘，休息十分鐘」的頻率為佳。

萬一工作或讀書被Facebook之類的社交網站干擾時，麻煩開啟能暫時關閉該類網站的應用程式，便會得到意外的收穫喔！

coloring page

coloring page

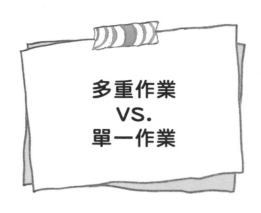

多重作業 VS. 單一作業

任誰面臨企劃案截止日期或迫在眉睫的考試，都會變得緊張無比，再加上，萬一手上未完成的工作堆積如山時，有心無力總讓人想要就此放手不管。此時，最理想的解決方法是什麼？就像科幻片經常出現的畫面，眼前飛出數個虛擬螢幕，然後用著快得看不清移動速度的手，搞定一切；意即所謂的「多重作業」。

不過，根據腦神經研究資料顯示，人類天生無法完成多重作業。即便我們自認正在同時進行數樣活動時，其實是大腦以秒爲單位，來回穿梭於負責不同活動的區塊。

倫敦大學的精神醫學研究院表示「多重作業對大腦的傷害，更甚毒品」。曾在撰寫文章時，開啓新視窗，卻完全想不起來自己到底想搜尋什麼；閱讀或念書時，如果接了電話，勢必得花更長時間才能重新集中精神。由此可知，我們的大腦進行下一項活動時，需要緩衝時間。嘗試同時間快速處理事情的多重作業，不僅會造成腦部過度負荷，也會拉長作業時間。

因此，專家建議「再心急如焚，**單一作業仍遠勝於多重作業**」。意即百分百完成一件事後，再著手下一件事，更能有效率地發揮能量與時間，只是過程中務必得控制自己適度使用電話、SNS、上網等，對一般人而言，可是需要極大的毅力。不過，如果是需要全神貫注的念書、閱讀、寫作、訂定策略/目標、思考等活動，希望大家能記住單一作業比多重作業更有效率。

然而，可能有些人會說：「多重作業時，我比較不覺得膩耶？」此時也無須勉強自己忍著做完一件事再進行其他事，如此一來，即便節省時間，卻只會讓自己承受更大的壓力。

如果想進行「有效率的多重作業」，可以參考下列四點：

1. 擬定百分百專注於一件事的時間。起初，以十五分鐘左右為單位即可。
2. 替擬定的時間設定鬧鈴。忘卻鬧鈴時間，全神貫注眼前的事。
3. 直到鬧鈴響前，僅進行單一作業。
4. 稍微休息後，重新集中精神於下一時段。

敏和阿姨的多重作業

單一作業期間，必須隔絕所有妨礙專注的事物。

首先，關閉手機的通知設定。萬一開啟新視窗時，老是被彈出的新聞消息吸引注意，請改用會立刻顯示搜尋結果的瀏覽器或工具列。此外，將首頁設為「登入信箱」畫面也是好方法；只要一登入，馬上能打開信箱收信，以防工作前又在網路間逛到天荒地老！

拒絕吧！因為我的時間很寶貴

有些人就是很難拒絕別人。爲了完成同事的拜託，延後完成自己的事無疑是家常便飯，或是擔當所有人都避之唯恐不及的聚餐主辦人；嚴重一點，甚至還幫別人作保。

相互幫忙固然是好事，把所有請託都像打羽毛球般往外推辭，未免也太沒人情味了……必要時能有對象拜託、依靠的地方，才是值得你我生活的世界。然而，怯於拒絕的人往往擁有這些特徵：一答應就後悔、邊做邊抱怨等。

明明是自己答應要幫忙的事，爲什麼反倒成爲壓力呢？

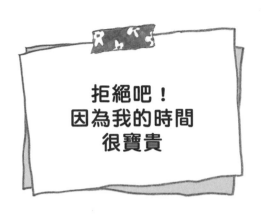

因爲當自己對別人說「ＹＥＳ」的同時，自己卻對自己說「ＮＯ」。自以爲是自己心軟，所以才沒辦法拒絕別人，事實卻是自己過度輕易拒絕自己的時間與欲望。如此一來，根本不可能興高采烈地幫助別人。

爲了不被時間追著跑，需要學會適度拒絕。這樣才能保障待辦工作的優先順序，並阻止別人擺布自己的時間。此外，決心開始某樣全新的計畫時，也需要果斷拒絕其他事物。時間有限，若無法完成或中斷既存的工作，最終什麼事也做不成。

偶爾，我也有拒絕不了的時候。購買店員推銷的商品、喝酒聚餐時老是說不出「我要先走了」而錯過末班車……可是，當我醒悟自己笑咪咪地接受別人請託，內心卻相當不樂意的行徑，其實對對方而言也是一種欺騙後，便開始學會用輕鬆的心態婉拒他人。

事實上，眞正拒絕不了的原因是害怕導致對方誤會或討厭自己，癥結根本不是出在別人身上，而是自己。

越想討別人歡心，越難大膽拒絕。不妨換個角度思考，自己根本不可能受到所

拒絕

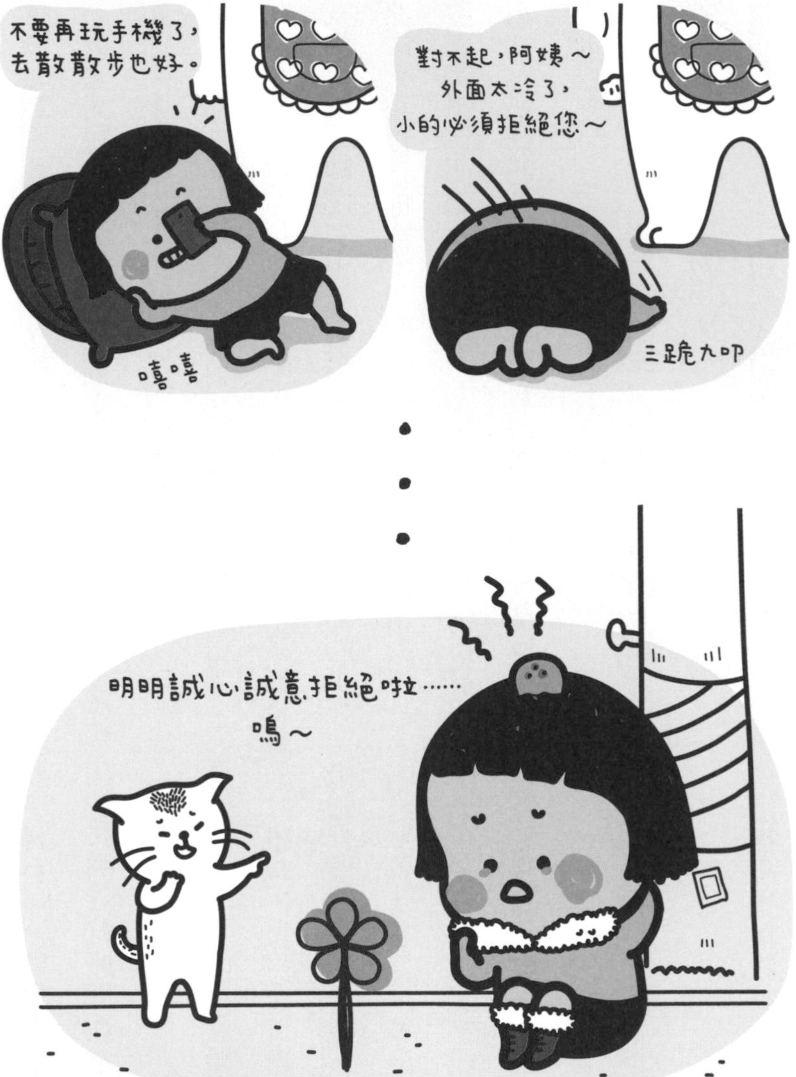

有人喜歡，如同我對其他人一樣，其他人也有討厭我的可能。幸好不同於我們的憂慮，被拒絕的對方並不如想像中怨恨我們，因爲他們也清楚知道自己沒有權力強制別人接受突如其來的請託。幫忙的幅度，務必拿捏好對方能自在接受，自己也能開心付出的分寸。

正確拒絕法

*傾聽：無論內容為何，誠摯地聆聽對方說話。

*確定自己的心：確實判斷自己對他人的請託，內心的感覺是欣然或不開心、負擔？

*退一步：面對突如其來的拜託，改以「我再考慮一下」回應，而非立刻給予答案。

*說明原因：不用通通拒絕，也不用說謊，直接向對方說明自己的難處。

*拒絕一半：如果難以百分百實現對方的要求，不妨試著處理自己能力範圍能幫忙的部分請託就好。

*注意語氣：拒絕別人時，對方在意話者的態度遠勝於內容。即便拒絕，也該使用溫和、恭敬的語氣。

委託，交代別人也沒關係

許多人買回家擺著不用而出名的掃地機器人，可是我最引以爲傲的家電用品。一直堅守「不吃飯會死，不打掃又不會怎樣」爲中心思想的我，總是無限期延遲打掃日程。不知從何時開始，比起眞心覺得「該打掃了」，「肉眼就能看見的灰塵球」反倒才是困擾我的壓力。一人公司的特徵就是回家後仍有很多事得處理，因此我深感是時候將清潔業務（？）委託他人的必要性。下定決心，購入打掃機器人！

坦白說，把打掃機器人打開後出門，回家後不是看到它卡在角落，就是全身繞滿電線……雖能明白大家為什麼一天到晚罵它，但對我而言，大致上還算滿意，至少家裡的確比以前乾淨多了。

再加上，我實在無法討厭會叫自己「主人」的它，即便有點慨歎：「臭小子！你如果能再聰明一點就好了。」

我對打掃機器人投以關愛眼光的原因，正是它一掃我回家後必須打掃（雖然我根本也不打掃）的壓力，以及利用省下的打掃時間處理其他更重要的事。這絕對是我做過最明智的委託工作！

越是完美主義者，越喜歡獨立完成所有事。雖然這是代表完美主義者能力超凡的證據，可是處理事情的時間有限，往往只會搞得自己身心俱疲。不曾見過有人獨攬所有工作後，呵呵大笑地說「通通交給我做，眞是通體舒暢啊！」大多都是強忍委屈情緒，咬牙苦撐。究竟要獨自承擔一切到什麼時候呢？

敏的委外救兵

好好將自己的事情委託給其他人，是相當重要的時間管理能力。適度移交工作後，把精神集中在更核心、更重要的事情。不妨讓自己喘喘氣、充充電，或花時間和身邊的人談論更深層的話題。

委託的核心價值在於信賴與期待。將事情託付他人後，最好全心信任對方，並降低預期成果的標準爲佳。事情完成後，發現與自己親自實行的成果差不多固然是好事，萬一做得比自己差，也當作是給對方一個「變得像我一樣能幹」的機會。

辦事能力強的時間主人，從不以工作量決勝負。不要賦予無故多做的事情什麼特別的意義，只要好好完成一件事，便足以擦亮自己的招牌。萬一不是身處公司內能託付別人做事的職位時，大可試著誠摯地向上司要求調整工作量。年末接受業績評價時，擺出一百件微不足道的小事，絕對比不上一件完美的成品來得耀眼。

每個人的人生，都需要委外救兵。無論是微不足道的日常小事，或是超越自己能力、需要支付費用的專業事務，接受外來的幫助，才是有效運用時間與能量的妙法。

舉一個簡單的例子，想搽上漂亮的指甲油，自己卻做不好，就請果斷地前往美甲店。讓自己徹底擺脫因反覆的失敗而產生的挫折感和虛耗時間，正是解決壓力的委外救兵！

預測未來最好的方法就是創造未來。

愛倫．凱（Ellen Key）

第4章

自動自發遵守目標的設計方法

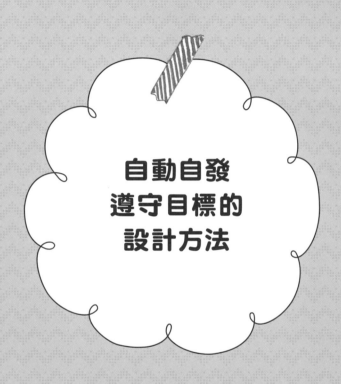

讓目標容易執行的五大魔法

手機女孩敏下定決心要訂定新月或新年目標。

「寫下想做的事……這樣會太多嗎？我一定要全數達成，搖身一變成為厲害的女孩！啊哈！」

究竟敏能不能完成計畫呢？訂目標時也有一些方法。雖然敏的計畫表充滿野心，但她似乎漏掉了幾項重要的事情。

沒有完成目標的意義；

沒有具體完成目標的時間設定；

1 交男友
2 提升學業成績
3 多閱讀
4 多益900分
5 一星期去三次健身房
6 減肥穿S號衣服
7 經營人脈
8 學書法
9 賺錢去背包旅行
10 志工活動
媽哩媽哩轟！
計畫全成真！
叫妳訂計畫，
不是寫小說。
那……那個

沒有實際反映自己的身分；沒有檢討是否實踐的方法。

隨著時間流逝，由於無法達成目標，開始自責「爲什麼努力訂了目標卻做不到」？每年年初我都會訂定一次新年目標，寫下後，便像忘記這件事般繼續生活，卻往往能在年末驚覺自己達成七成以上。相較於時時查看目標清單，最重要的是能在擬定目標後，努力實踐。

挑戰高不可攀的目標，並不是一件好事，也沒有必要將別人從事的運動或語言研修當作自己的目標。如果像敏一樣，總是漫無目的設定目標的人，可以試著善用以下介紹的設定目標魔法。邊閱讀「五大魔法」，邊利用收錄於附錄的表單，訂定自己的目標吧！

即便經過時間考驗，內心仍緊抱眞正想要實行的目標，自然而然實踐的人，相信讀完本章後，勢必有辦法再達成更高層次的目標。

魔法1 從過去找尋教訓

人，不會一天就改變。即便訂定再完美的計畫，只要一如往常地循著固有行徑和錯誤，將來歷史重演的機率依舊很高。不過，如果能記取過往的教訓，即能擺脫高失敗風險的模式。訂目標前，試著靜靜回顧過去，整理心情，銘記教訓，有助於實踐計畫。

1）回顧成功

第一步：回溯自己最拿手的事。由於我們經常喜歡與他人比較，用以評斷自己的能力，反而很難自信地展現既有的成功經驗。因此，通常會認爲「大家都做得到吧？」事實卻不然。所謂的成功是「我做過最厲害的事」，所以比較的基準是「我」。任何人心裡一定都存在著自己做得很滿意的事，可能是極大的成就或收穫，可能是微不足道的日常變化，抑或無關結果，單純因爲自己盡力而爲……就算只是陪在某個寂寞、疲憊的人身邊，也是相當值得引以爲傲的事。我們總是過分地

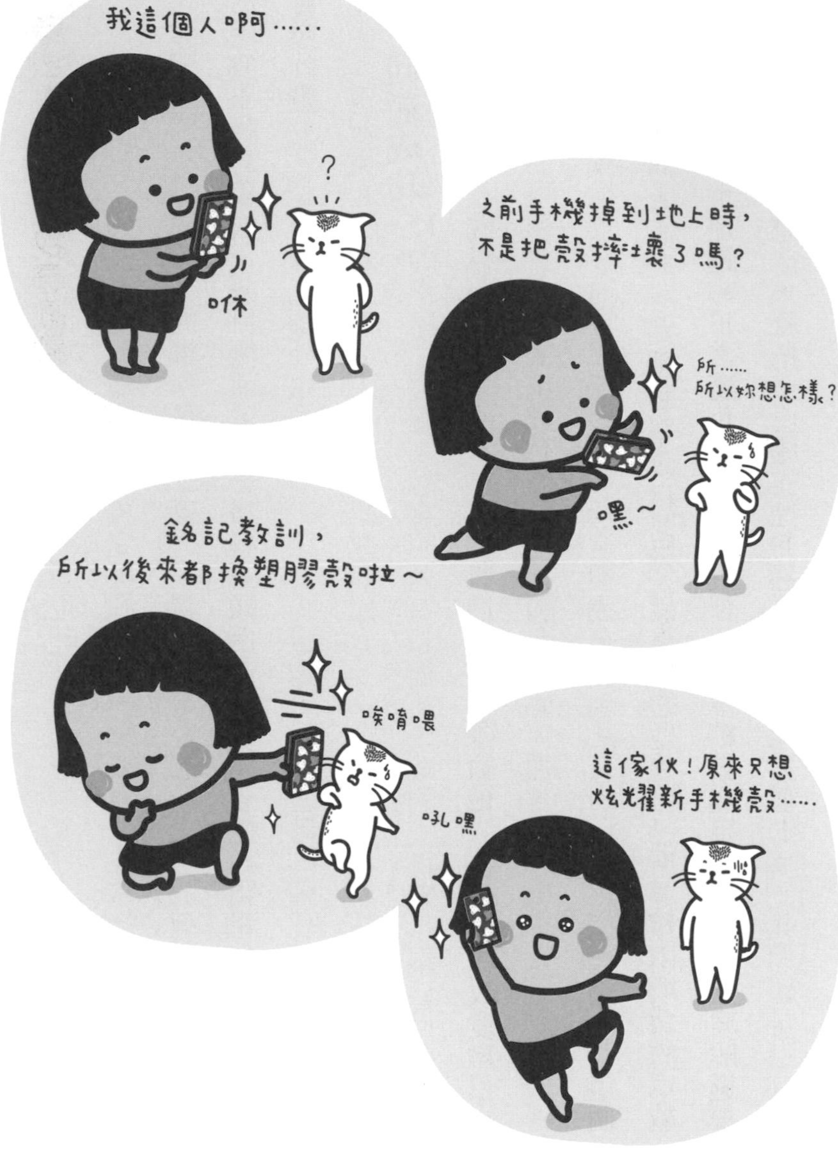
我這個人啊……
?
咻
之前手機掉到地上時，
不是把殼摔壞了嗎？
所……
所以妳想怎樣？
嘿～
銘記教訓，
所以後來都換塑膠殼啦～
唉唷喂
這傢伙！原來只想
炫耀新手機殼……
吼嘿

嚴以律己，不妨從現在開始認同並讚美自己吧！

2）回顧失敗

寫下曾經對自己感到失望的事、曾經失敗的計畫、曾經情緒低潮的時期。翻尋難受的過往，是所有人都想逃避的事，因爲這麼做，會讓當時的情緒再度變得栩栩如生、重新憶起不想記得的人……如果想起過去，仍存有不自在的情緒，表示心裡根本沒有完成整理的程序。因此，誠實回頭看看從前失敗的模樣吧！讓自己直接面對勉強合理化的過程，解開心裡堆積的包袱。越願意誠實審視，越能徹底改變自己。

從過去找尋教訓的魔法核心是：永遠不要忘記「未來的日子該怎麼過」。這個魔法的目的不是爲了剖析、挖過往的瘡疤，最重要的是讓自己學會藉由成功的卓越感，啓發未來的方向，並透過記取失敗的教訓，妥善準備迎接未來。充分理解過去傳遞給自己的訊息後，就把早已成雲煙的過去，留在過去吧！

魔法2 清楚真心想要的人生價值

對時尚擁有獨到見解的男性們，尤其在意手錶。他們佩戴的各種名牌手錶，要價動輒數十萬，有些價格甚至足以買下一間房子。手機也能確認時間，爲什麼非得追求如此高價的手錶呢？某鐘錶品牌的CEO曾說：「鐘錶不純粹是測量時間的裝置（time keeper），而是保留回憶的裝置（memory keeper）。」增添了這種附加價值，便不再只有單純的功能，進而躋身成爲名牌。

人也是如此，按照計畫過著毫無喘息空間的無意義生活，我們不過只是會傳達準確時間的鐘錶罷了；生活有了價值，一個人的人生也才能躋身成爲名牌。

你我設定的目標裡，深層地藏著我們渴望達成的事情。每個人有所不同，以學習同種樂器的人爲例，有人因爲「喜歡挑戰」而學，有人爲了「興趣」而學，這就是人人不同的「追求價值」。

關鍵在於清楚自己設定目標的意義後，能否實踐。

知道自己追求的價值，訂定適合的計畫，便能成功執行；如願達到成果時，不

思考一下自己
真正該追求的價值究竟是什麼！
萬一最後無法實踐的話，
是否就是沒有意義的價值呢？
什麼意思？
好想擁有結合iPhone和
Galaxy的手機喔！

僅能感受隨之帶來的意義，人生也能以「良性循環」的方式運轉。這樣的價值，雖然無法靠肉眼看見，卻能直接對生活型態產生影響。依循價值而行的人生，才是最重要的。

不管別人，好好思考自己覺得重要的價值是什麼後，提筆記錄。假如想不到形容價值的詞彙時，不妨參考附錄提供的價值目錄表。

魔法3 撰寫「未來履歷」

我們設定目標的原因，通常只是因爲憂慮即將到來的未來，雖然這樣的目標實際性高，卻無從再描繪更高層次的藍圖；偶爾也需要提筆畫畫三十年後、七十年後的那幅圖，而「未來履歷」正是有助描繪未來構圖的好幫手。

未來履歷以今天爲起點，將自己直到死前打算完成的事，以年分或三～五年爲

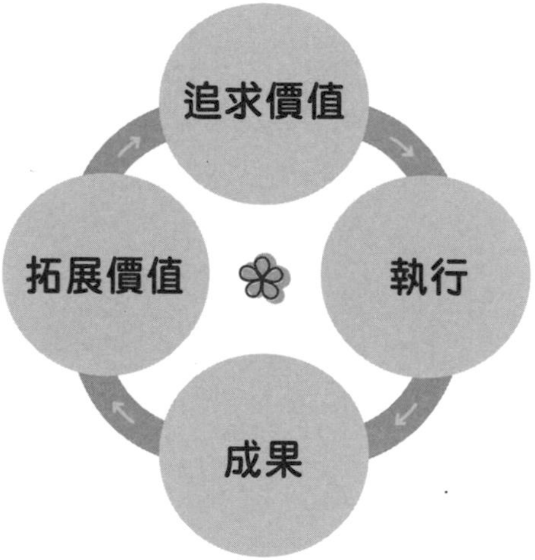

單位記錄。完成草稿後，不知不覺會產生掌握人生方向的安心感，以及不爲微不足道的考驗而動搖的毅力。此外，每年發覺自己又離未來履歷近了幾步，無疑是件趣事。以最近待完成的計畫爲未來履歷的起點，尋覓適合自己人生的平衡點。

魔法4 抓住適合自己角色的平衡點

如果明天突然死去，我們會想起昨天沒完成的工作呢？還是會想起自己愛的人們呢？當然是後者。即便如此，當人們訂定目標時，卻總以工作或學業爲主，想必正在閱讀本書的你，也在上一項魔法時，寫了以工作或學業爲主的未來履歷吧？我們所處的社會，其發展趨勢總以全體生活的平衡點爲主，原因在於人們早已習慣了「追求成果」。

「成果」與「平衡點」並不衝突，抓住人生平衡點，便能像聚寶盆般替原有生活注入源源不絕的活力，因而變得更有創意、更從容地處理人際關係。只著眼於成果，容易破壞人生的平衡點；抓穩平衡點，卻能不斷創造更多成果。

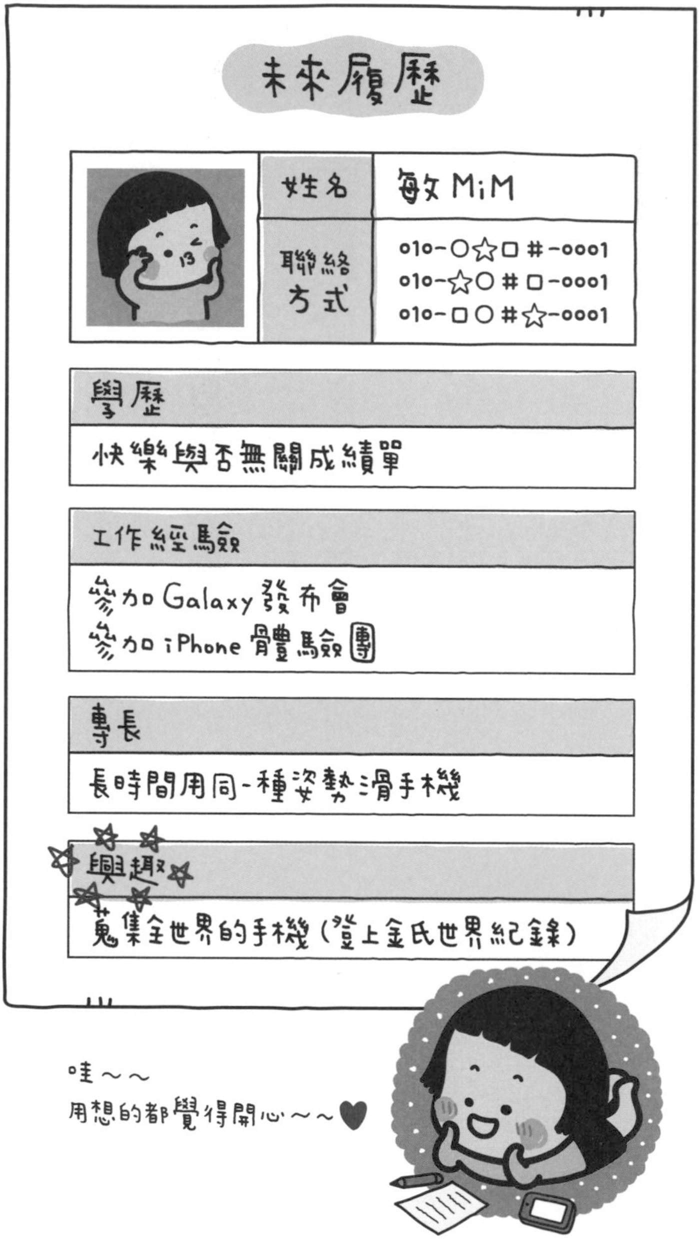
未來履歷
姓名
敏 MiM
聯絡方式
010-○☆□#-0001
010-☆○#□-0001
010-□○#☆-0001
學歷
快樂與否無關成績單
工作經驗
參加Galaxy發布會
參加iPhone體驗團
專長
長時間用同一種姿勢滑手機
興趣
蒐集全世界的手機（登上金氏世界紀錄）
哇～～
用想的都覺得開心～～♥

調節平衡點的關鍵在於「身分」。「破壞平衡」，意即沒有均勻分配各種身分該完成的工作。

1）自己的身分

一生當中，自己需要扮演什麼身分？子女、兄弟姊妹、情人、朋友、學生、準備就業的學生、組織成員、社團團員……寫下所有想到的身分後，務必再替各項標註最重要的「我能為自己扮演什麼角色」。

接著按照不同身分，替現在自己的滿意度打分數（滿分十分），並想想打下這個分數的理由。

2）各身分的目標

至少寫下想以各種身分完成的兩件事。

扮演上班族時，設定目標的種類可能較多；扮演家人或朋友時，設定的目標可能較少。沒關係！就像腦力激盪一樣，「我手寫我想」才是最重要的。接下來思考「爲自己扮演的角色」能做什麼？學會「關心自己」的重要性不亞於外在成就。

決定目標時，盡量寫得具體。「目標的開始與結束時間爲何？」「達成與否的判斷基準爲何？」……寫得詳細得讓別人也能一目了然。

3）設定重要目標

寫好屬於各種身分的目標後，勢必會出現爲數眾多的目標清單。撇開身分，從中挑選最想全神貫注完成的十項目標（超過十項大腦可就記不久了）。最後，思考決定好的每項目標，反映了第二種魔法提及的什麼追求價值？

如此一來，便能找出自己最重要的十項目標。仔細看看這些目標，會比從前漫無目的設定的目標少了許多負擔，也能確實知道自己所扮演的身分眞正認爲重要的事。

學生

光是訂好「用功念書」的目標，
根本無法具體評價成功與否。
所以我的目標是，先達到九成
出席率！

朋友

為了平常老是感到孤單的朋友，
每星期要跟他們聊天六次。

家庭

為了忙著打理家務而忙翻的阿姨，
每個週末一定要幫忙打掃！這項絕
對能成為完成度100％的目標。

她明明說在幫忙打掃，
為什麼我的心情好像

以這種方式設定目標，能有效防止偏重單一身分，而破壞人生的平衡點。再忙碌、再多事情要完成，也會因爲知道一切只是暫時性，很快即能找回人生平衡點。常保活力充沛、人生一路順風的人，祕訣正是「人生平衡點」。

魔法5 創造不得不遵守目標的環境

重新以魔法目標設計法訂定目標的手機女孩敏，不禁高聲歡呼！

「耶～完成！第一次用這種方法訂目標，現在起好像真能按照計畫行事了！」

眞的完成了嗎？實踐目標的可能性當然比以前高了不少，但是一想到要把完成目標的任務託付給敏的意志力，仍讓人有些不安。敏還需要最後一項能提高執行力

萬一敏不能達成目標的話
妳明明說過
念書時不用手機吧？
不可以!!
它已經過了
免費維修的
期限啊……
手機洗澎澎……

的裝備：創造敏不得不遵守目標的環境。以教練指導方針來說，最後替大家營造能徹底實行目標的環境屬於「相互責任」。爲了減少遲到情形，約定繳納「遲到罰款」，即屬於相互責任之一。

完成厲害的規劃，接著需要找尋能夠幫自己確實實踐計畫的相互責任夥伴，朋友也好，家人也好，任何人都無所謂。相互責任很簡單，與夥伴約好實行目標，請對方在截止日問自己是否如實完成即可。

萬一這麼做仍然很難達成目標時，不妨增加罰金、請對方吃飯、完成對方願望等更能激發自己責任感的方式。如果對方也設定了某些目標，協同效應的效果將更顯著。

如果是不想讓他人知道自己目標的人，只要把自己當成相互責任夥伴即可，並事先寫下達成目標時，打算如何犒賞自己，送自己一份禮物或旅行等足以鼓勵自己再接再厲的事物便已足夠。總渴望別人認同的我們，現在也需要養成自己獎勵自己的習慣了。

目標，不是和時間一決勝負，或嚴厲鞭策自己，訂下自己真心想完成、真正能豐富人生的事情為目標，才能有效達成。

為了實踐目標，首先必須了解「我」所具備的特性。清楚我的過去與未來，設定專屬於我的目標！

不要浪費時間為了別人而活，
最重要的是，鼓起跟隨自己內心與直覺的勇氣。

史帝夫・賈伯斯（Steve Jobs）

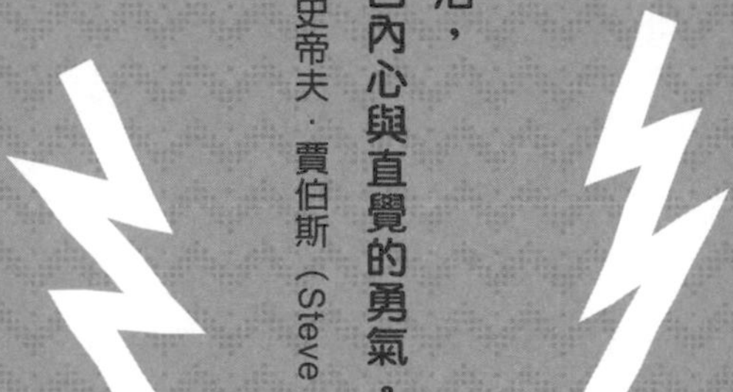

第5章

我的
美妙時光

發呆

大四最後一學期時，眼見就業問題日益逼近，男朋友對著壓力很大的我說：**「什麼都不做也是一件好事，妳試著放空腦袋五分鐘。」**頓時有如醍醐灌頂般……活了大半輩子，自己從未擁有這種時刻。永遠被未完成的事情追著跑，爲了達到自己訂的標準而疲於奔命。男朋友因而向我推薦了風靡當時的線上遊戲「跑跑卡丁車」，坦白說，我覺得有點荒謬……然而，花時間玩遊戲漸漸多於寫履歷的我，終於在學期結束前升級爲「彩虹手套」，也同時通過數家企業的審核，著實開心得難以言喻。

跑跑卡丁車是讓我得以喘息的新鮮空氣。萬一沒找到其他方式抒解壓力，我想必得帶著糟糕透頂的氣色去面試。直到此刻，才赫然驚覺自己根本不擅長只爲了非達成不可的目標而拚死拚活。

升學壓力下想做與學業無關的「課外活動」，簡直難如登天，父母更是認爲「不如拿同樣的時間多背幾個單字」。屁股永遠黏在椅子上，不是聚精會神，而是累積壓力，反而成了讀不好書的原因。

如果我們能在成長過程好好學會休息，結果又是如何？**休息不是偷懶或退步，而是為求跑得更遠、跳得更高時，不可或缺的要素**。「放假」的原意是要大家「暫緩學習」，可是又有多少韓國學生能眞正輕鬆地拋開學業好好放假呢？

我們的時間，就像因爲堆滿不吃的食材而關不上門的冰箱，被太多、太多事占據了。如同冰箱需要大掃除才能正常運轉般，現在也讓自己的時間留白吧！

最簡單的方法就是「放空」，即便只有五分鐘也好。重要的是，這樣的「發呆」，必須選在特定的時間做。內心渴望喘口氣、倍感壓迫時，就休息吧！我們都

發呆大賽

需要新鮮空氣。

在人們成爲手機的奴隸前，大家總會在捷運或公車無止境地發呆。現在立刻拿掉耳機，抬起緊盯手機不放的頭，什麼也不做地浸在世界的喧囂裡，觀賞眼前上演的繁忙世間事。眼耳會因而變得放鬆，心也能緩緩沉澱。

發呆～
好難……
很多人要跟我
聯絡耶……

引起全世界討論的「2014發呆大賽」，評分標準是在什麼也不做的狀態，維持最穩定的心跳速度，而非維持的時間長短。此刻什麼也不想的各位，感覺心平氣和嗎？你也試試看吧！

逃脫時間
緊迫逼人的祕訣

一九七七年，以普林斯頓神學院的學生爲對象，進行了一項心理學實驗。當時學生們正準備報告關於「好撒馬利亞人法」，在他們爲了考試移動前往禮堂前，會聽到下列兩種廣播之一：

「已經過了預定時間，請盡速移動。」

「距離正式考試還有一些時間，請現在開始移動。」

前往禮堂的學生會途經病倒在路邊的人（這當然是安排好的測驗）。究竟秉持服務精神而報考神學院的學生，面對眼前狀況會有什麼反應呢？

結果出乎意料。聽見考試時間還沒到的學生，大多會幫助病倒的路人；相反地，面對遲到危機的九成學生，都是呼嘯而過。實驗結果顯示，即便是利他精神偏高的人，只要一趕時間，仍會選擇優先解決自己的問題。

左右「好撒馬利亞人法」的關鍵要素是「時間緊迫與否」。趕時間時，我們會倍感焦躁，心臟怦怦跳個不停，手也不停發抖，周遭發生任何事都不放在眼裡。更重要的是，我們覺得壓迫的原因，根本不是時間「眞的」不夠。鐘錶的時間不過是數字罷了，你我眞正恐懼的是什麼？

我們憂慮的是未來會發生的事。搞砸考試得到低分、成爲人生汙點、最終無法完成目標、人生以失敗收場……這些才是我們眞正的恐懼。別忘了！終點站還有「死亡」在等著。

時間不夠而考差，居然得以連結到死亡？或許有人會覺得這樣的比喻荒謬至極，但這的確是恐懼的根源。因此，每當恐懼擴大時，請記得這一段話：

NEW
NEW
NEW
咦
看起來狀況很差……
NEW
NEW 限量商品
NEW 限量商品
NEW 限量商品
嗯……
NEW
NEW 限量商品
NEW 限量商品
NEW 限量商品
那個!!請給我最新款手機!!!
不好意思，已經全數售罄

只要殘酷的命運，不打算突然把我帶往某處，此時此刻仍睜大雙眼的我，死亡根本遙不可及。因此，當面對恐懼時，只要牢記「我不會因此而死」，毅然決然驅逐恐懼吧！

大家都很清楚急著上廁所時，心裡越著急，身體隨之產生的反應越強，所以這種時候會刻意想其他事情分散注意力。意即我們本能地知道閃避危機的方法。

趕時間時也是一樣，與其窮著急剩下多少時間，不如把焦點集中在當下；全神貫注直到事情完成，即是擺脫時間壓迫的祕訣。

當普林斯頓神學院的學生趕時間時，甚至連自己為了幫助別人而報考神學院的使命都拋諸腦後……越受時間壓迫，內心真正渴望達成的目標也變得越難實踐。即便世界時刻催促你我「快點」，越是如此，我們越須懷抱自己的目標，**用自己決定的速度前進。**

為了當下

「活在當下！」

這是我接受人生教練訓練課程時，最難吸收的一句話。對我而言，現在永遠是爲了未來而存在，因此只要一睜開眼，身上背負的責任便不曾減少，無從輕易滿足於「剛好就好」。「『活在當下……』是一句名言，可是我能爲『當下』做什麼？放肆享受？分秒盡力而爲？」這句話背後的意義，實在讓我摸不著頭路。後來，經歷長時間的反覆試驗後，我似乎得到了解答。

首先，「當下」是什麼？時間永不止息，是否存在駐足的「現在」？如果徹底打碎時間，是否能找到所謂「當下」？就物理學的角度，最短的時間單位是「普朗克時間」，即10^{-43}秒，這是我們根本無從意識也無從想像的極短時間。

按照各項腦神經研究顯示，人類能意識的最長時間是三秒，如同沒有不斷複誦電話號碼便記不得一樣，一過三秒，大腦就會爲了接收下一項資訊而清空。根據此研究結果，德國腦神經科學家恩斯特．波佩爾（Ernst Pöppel）整理出如下結論：「所謂『當下』是持續三秒左右的時間」。

如果「當下」是三秒，那我們爲了「活在當下」能做什麼？接下來將介紹幾樣在短暫瞬間就能讓自己感覺「活在當下」的事情。

1）情緒檢測

「情緒檢測」意指自問自己當下情緒狀態爲何，愉快嗎？享受嗎？自在嗎？不安嗎？不快嗎？厭煩嗎？敏銳關心情緒變化。多加練習的話，能學會察覺自己內心往返著難以數計的情緒變化。

萬一覺得很難掌握情緒變化時，不妨將最快樂的狀態定為十分，用以測量當下的情緒能獲得幾分。藉由練習情緒檢測，不知不覺便能提升意識「當下」與處理情緒的能力。

2）觀察

「觀察」是無須任何努力，即能開懷享受當下的最佳方法。只要像用放大鏡看眼前發生的情況一樣，深入觀察即可。對話時，觀察對方的表情、肌肉變化、聲音顫動等；搭捷運時，觀察大家的穿著、行動、反應等。萬一身邊沒有人，可以試著觀察自己，感受自己有沒有聳肩？是否處於放鬆狀態？有意識地觀察自己的坐姿或腳步。練習觀察，會發覺每天都是截然不同的一天。

3）深呼吸

平常的我們總是從容地呼吸，頻率偏淺而快。趕時間時，越緊張，呼吸越快；

此時，隨著供給身體的氧氣減少，注意力與能量也會隨之降低，而深呼吸便成了自己替自己進行的人工呼吸。此時此刻，試著練習慢且深的呼吸，立刻能感受心境變得安定。尤其當負面情緒或怒火湧升以及心情焦急時，深呼吸都能爲穩定情緒帶來極佳效果。

情緒檢測

擅長時間管理的人，並不是拚命為未來做準備的人，而是善於「活在當下」的人。原因在於，我們真正能掌握的時間，唯有當下。自己是否擁有控管時間的能力，取決於三秒！

沒有什麼「時機一到」

以前和各家一人公司的負責人準備某項企劃時，發現其中有人五十幾歲，也有人四十幾歲，不過當時對我們最重要的事是完成眼前的企劃，所以不太在意年齡的差異，彼此間甚至經常使用時下流行的「蛤？」「超潮！」等字眼。

某天，年紀最大的負責人問我：「話說回來，妳今年幾歲啊？」一聽到我的歲數，她立刻驚呼：「那我豈不是能生得出妳嗎？」初次發現她和我相距二十幾年歲月的眞相，其震撼彷彿漲潮般淹沒我倆。我們相視而笑了許久，能和自己媽媽的同輩共事，實在太神奇也太有趣了。

那位負責人常常跟我分享自己經歷民主化運動，以及父親罹患老人痴呆症的故事。關於結婚和育兒，我反而比單身的她更有心得。我們之間並不存在因年齡產生的代溝或偏見，對於曾以爲事事都有「時機一到就該……」的我，隨著接觸的人事物變多，這樣的想法似乎也隨之消失。

很多人對於「時機一到就該……」，給予極大的壓迫。二十歲上大學，最晚二十五歲左右得就業，三十歲出頭就被要求順應趨勢結婚……晚點完成又不會被逮捕。可是，當有人脫離所謂「常態」而行時，身邊的人卻開始憂心忡忡地說道：「繼續這樣可不行啊……」

然而，這種擔心的本質根本不是憂慮，而是將自己的不安投射在別人身上。要不就是擔心「時機一到就該……」的自己，轉而擔心沒能按照「時機」發展的人；要不就是心懷優越感想著：「我都按照安排的時機走了，他不照著走可不行啊！」

最重要的是，活出屬於自己的時機。所有事情都有**「時機」**，指的並非**「注定**

的時機」，而是**「自己的專屬時機」**。夢想實現的時機、遇見另一半的時機、結束考驗的時機……我所走的每一條路，都有屬於我的時機。以別人的標準衡量，或許太早、太晚，但那都是「別人的」，任何人都該有屬於自己的時機。

因此，不需要爲了比別人晚而擔憂，也不需要爲了比別人早而自滿。遵循自己人生的速度和節奏走，僅此而已。千萬不要忘記！最重要的不是按照所謂適當年齡就業和結婚，最重要的是找到自己眞正想做的工作、與眞正愛的人相知相惜。

「我的時機」一到，會像找到原本就屬於自己的東西一樣，自然而踏實。因爲不是勉強完成，因而不感絲毫焦慮和不自在，甚至不像從前發現所謂「時機」來臨時，驚呼、顫抖，或向別人炫耀。越是如此，時間越能成爲自己的夥伴，時刻都能察覺「我的時機」降臨。

想像「我的時機」
二十歲出頭
閃閃動人
新鮮人
三十歲出頭
公司的
中流砥柱
三十歲尾聲
啊哈！
超級媽咪
七十幾歲
悠閒自在
老奶奶
比別人晚一點又怎樣！

傳說每當印第安人完成祈雨祭後，一定會下雨，而祕訣卻是每天祈雨直到下雨為止。靠著意志力，等待且不放棄總會降臨的雨。如果焦急得等不了屬於自己的時機來臨，不妨試著從現在開始好好相信自己，耐心等待！默默告訴自己：「我不是什麼都不做，而是在等待。」

少「搜尋」，多「思考」

爲了買羽絨外套前往百貨公司的A小姐，雖然最喜歡加拿大製的商品，卻因昂貴的價格而無法立刻決定。回家後的A小姐開始瘋狂搜尋，最便宜的購物中心在哪裡？會不會經常掉毛？流不流行？哪種顏色最實用？不停地搜尋、搜尋、搜尋。由於打折後仍然很貴，所以決定找看看二手商品，不過因爲是別人穿過的衣服，始終覺得不太合意……於是決定找看看仿冒品，想用合宜的價格買到頂級A貨實在不容易……A小姐就這樣搜尋了幾天幾夜的「羽絨外套」。

「請幫我決定該選哪個好？」是網路討論區經常出現的文章。就業討論區在問A、B兩家企業哪家好，戀愛討論區在問C、D兩個男生（女生）哪個適合交往。近來罹患難於做決定的「選擇障礙者」變得很多，愼重行事固然不是壞事，但就連微不足道的小事都得花上非常大量的時間……當他們花時間遍尋絕不後悔的完美解答時，往往忽略自己寶貴的時間也隨之流逝了。

更嚴重的問題在於，將自己人生的決定權賦予其他人一事。我們的人生時刻都得面對選擇，如果連小事都要靠別人決定，這樣還算自己的人生嗎？對別人而言是最佳選擇，對我而言卻不然。或許別人的決定能給予相當程度的幫助，但他們可不會承擔隨後產生的責任。

偶爾我會在明知道賣得比較貴的實體店面買東西，因爲除了價差，這麼做比選擇後立刻結帳的網路購物，帶給我更大的收穫。排除假裝心得文的業配文，選出眞正的心得文，接著尋找能使用最低價購買的方法（比價網站、團購、海外直購等），安裝一道又一道外掛程式後，總算完成結帳。

等待商品到手，又得再等幾天。假如等待的樂趣能抵銷購物過程的繁複，當然無話可說，但這麼做眞能買到比較便宜的商品嗎？值得深思。

想做出最不後悔的決定，靠的不是「搜尋」，而是「思考」。平常就得深入思考自己的好惡、人生重要的事物等問題，才能在決定的瞬間做出明確的選擇。思考時最重要的是探討「爲什麼？」，試著問自己「爲什麼我需要這個東西？」「爲什麼要和這個人交往？」「爲什麼得做這件事？」「我爲什麼而活？」等等。

沒有必要依據什麼理論，絞盡腦汁解答，即便「就是喜歡」也足以成爲極佳的答案。經常訓練自己思考，能更加了解自己喜歡的事物，以及「自己」這個人。

法國的小說家、哲學家沙特曾說「人生是生（birth）死（death）間的選擇（choice）」。一如你我無法阻止時間流逝，我們同樣無法逃避選擇的責任。希望各位記得，其實時間的主人與選擇的主人並不存在任何差異。

Ice Cream
香草？巧克力？
吼唷!!!
快點決定啦！
那就不要吃嘛……

人生教練們有套效率十足的做決定祕訣：等待。我們選擇了什麼，會無意識地放在心裡，之後卻不會想起這件事。只要靜靜等待，直到事情明朗化或塵埃落定時，答案會自然浮現。這個祕訣的失敗率是零，因為無意識永遠是最真心的答案。

改變我的十五分鐘

只要稍微改變運用零碎時間的方式，就能讓人生煥然一新。然而，大多數的人只要出現零碎時間，隨即習慣性地打開手機，因爲這是毫不費力就能接收多樣化刺激的活動。

仔細想想，其實既不麻煩又能爲生活帶來樂趣的事情多不勝數。接下來爲大家介紹無須事先計畫，亦不會讓人筋疲力竭，且能爲人生注入活力的小趣事。

1）獨處時

睡十五分鐘午覺。
用回收紙摺紙。
扯開喉嚨大聲唱喜歡的歌。
製作十大喜愛書籍、歌曲、電影的排行榜。
用原子筆描繪自己喜歡的人的臉。
畫出當下自己的大腦構造。
想想自己想再見的童年好友。
找出當天值得感謝的三件事。
伸展脖子、肩膀、兩肋、腰。
想像時光倒轉的話，自己想做什麼。
從天空選一片小雲，接著把它擦掉，彷彿是自己把雲變不見般。
打開計時器，計算自己可以憋氣多久。
練習深呼吸，吸氣五秒，吐氣五秒。
親手寫封明信片或信。
用左手寫字。
像屍體一樣躺著，什麼也不做。
選定想要瞬間移動的地點，想像自己移動的畫面。
打開倒數計時器，看看自己能在限時內看完幾頁書。

2）在公共場所時

來回走樓梯做運動。

向陌生人搭話。

想像身邊往來的人的職業。

挑選最會穿衣服的人。

統計大家最常穿的衣服顏色。

觀察不用手機的人在做什麼。

全神貫注於聽覺，聽聽周圍的喧囂與人聲。

用原子筆描繪自己
喜歡的人的臉
親愛的爸爸
親愛的媽媽
親愛的弟弟
親愛的手機
爸爸和弟弟的
差別是……？
壓力好大喔……

芝加哥大學的心理學研究團隊透過實驗發現，當人搭火車或公車時，向陌生人搭話比獨處更令人感覺快樂。出乎許多人的意料，相較於獨自一人，藉由與別人對話能得到更多的喜悅。不妨放下手機，試著和一起等電梯或捷運的人說話吧！從中獲得的緊張與新鮮感，足以活化一整天的生活！

月曆的存在是為了謹慎的人，而非熱情的人。

Chuck Sigars

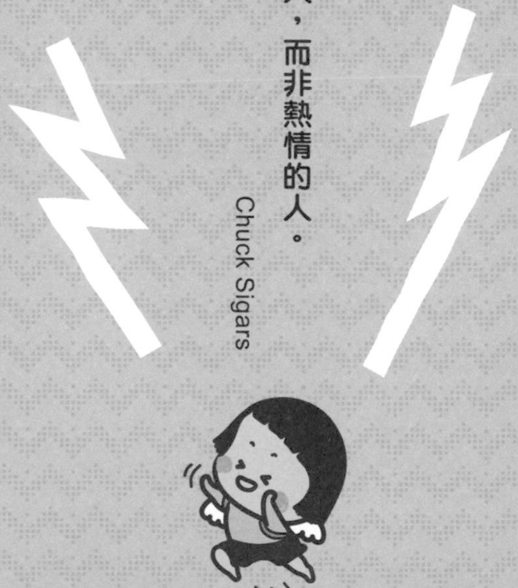

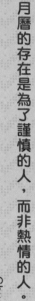

第6章

創造 全新模式

時間的
絕對與相對

自古以來，科學家們便認爲時間是可以被測量的。西元一五〇〇年左右，當機械鐘初次亮相前，世界各國使用日晷、水鐘、火鐘等儀器測量時間。即便二十世紀後出現了現在使用的時區與原子鐘，人類仍不曾停止努力找尋計算眞正標準時間的方法。

相反地，早在很久之前，如希波的奧古斯丁等哲學家們便主張「時間不是實際存在的東西，而是根據人類主觀意識產生改變的概念」；希波的奧古斯丁也曾針對探究時間的困難時提及「時間究竟是什麼？當沒有人問我時，我清楚時間是什麼；可是當有人問我『時間是什麼？』時，我卻一無所知」。

無論從科學或哲學角度，「時間」的定義依然模糊。話雖如此，普遍還是認爲時間是永恆不變的機械單位。

二十世紀時，出現一位男人解釋了時間的絕對性與相對性；他，是愛因斯坦。相對性的理論核心爲「一旦空間改變，便破壞了時間的絕對性」。

電影《星際效應》即出現人類在地球以外的地方，能夠極清楚體驗相對性理論的場景；在未知的行星上過一小時，地球卻已過了足足七年。其實我們每天的生活，都能體驗時間的相對性。

閒聊職場上司的壞話時，
時間如白駒過隙般飛快；
與同位職場上司搭乘同部電梯時，
一分鐘猶如十分鐘般漫長。

男朋友去當兵時，兩年就像十年一樣，朋友或學弟去當兵，好像轉眼就退伍了；

整天都讀不進腦袋的課本內容，考試前三十分鐘卻以驚人的速度一口氣讀完；

對小孩而言，聖誕節彷彿等了一輩子還不來臨似的，對大人而言，一年卻像半年一樣快；

經歷過宿醉的人都知道，那一天的時間簡直慢得不像話……

每當遇到這些情況，時間就像橡皮筋一樣，變長又變短。它們的共通點是「時間會隨著自己的感受而改變」。爲了解釋當事人在不同情況會對時間認知產生變

敏的時間相對性

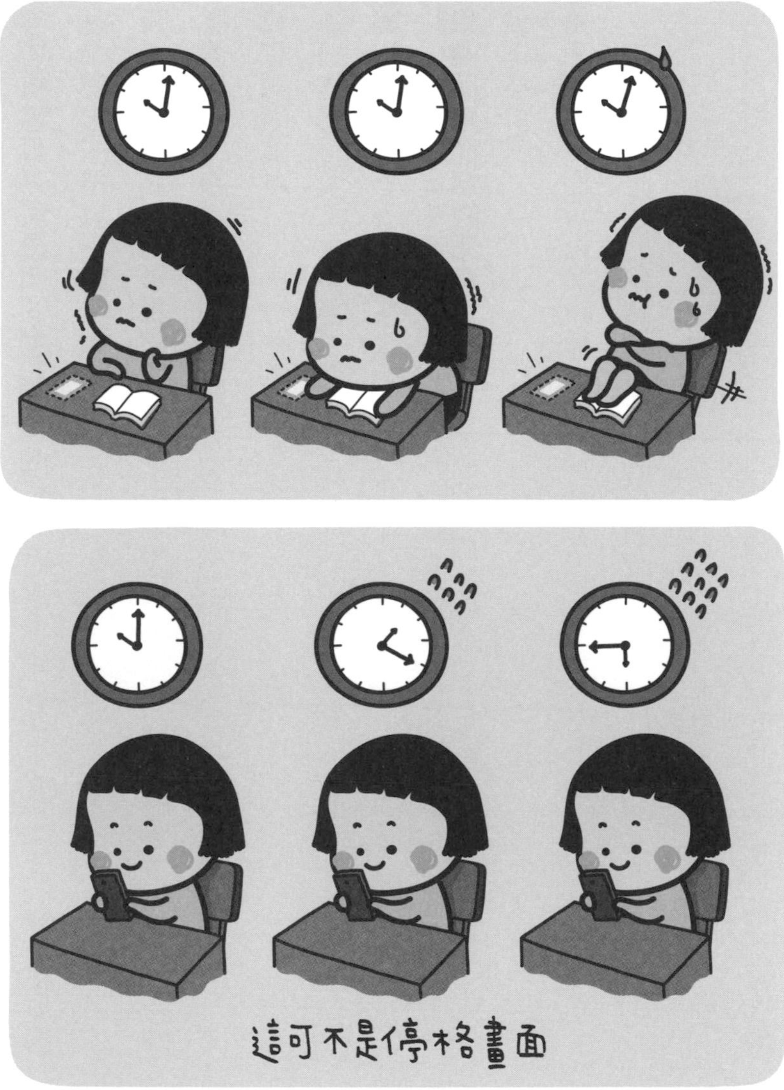

化，愛因斯坦曾說「與溫柔的女人共度的兩小時就像兩分鐘，在滾燙暖爐上的兩分鐘就像兩小時，即為『相對性』」。

時間不那麼絕對，給了我們很大的希望，因為這表示我擁有隨自己意志調控時間的可能性。

駕馭時間的鑰匙是：

快樂的心、

對時間保持從容的態度、**專注力**。

這是我運轉內心時鐘的時針、分針、秒針。

現在按下內心時鐘的開關，活在屬於我的時間。

無論在哪裡，時間都不具形象，也無法以肉眼看見；可是，人類始終放棄不了研究時間的原因在於，「時間與過什麼樣的生活息息相關」。

時間不是金錢

「時間就是金錢」是自我管理達人班傑明・富蘭克林的名言。因爲偉人與成功人士異口同聲地強調時間的寶貴，我們不得不將其奉爲圭臬。既然大家都遵循同樣的原則，想必個中自有奧妙吧！

然而，在還沒有時鐘出現的很久、很久以前，人們對於時間的概念和現在可是截然不同。看著日出、日落、季節更迭，理所當然地想著「時間在流逝」，卻絲毫不覺一分一秒有多寶貴。

不知道地球是圓形的古代人，以爲

只要離開眼前所見之處就是懸崖，因此不會刻意前往太遠的地方；甚至相信太陽西沉進海平面後，等同滾燙的太陽掉進海底。現在聽來或許可笑，但是以當時所理解的天文知識，卻相當合理。擁有如此空間概念的時代，時間概念又是如何呢？如同天地不可能打從一開始便分開一樣，對他們而言，時間僅是隨著日月轉換的週期與循環。

隨著伽利略與牛頓揭開了科學革命的序幕，人們對空間與時間的認知，也一改過去的愚昧思想。牛頓認爲時間是獨立個體，在任何地方都以相同方式流動，並稱之爲「絕對時間」。

地球是圓的、同時進行公轉與自轉，諸如此類的事實再再震撼當時的人們，也完全扭轉了往後人類的世界觀，所有的事情都從以神爲中心轉換成以人爲中心、從無限轉換成有限、從不可測量轉換成可測量。這樣的過程，讓曾屬於大自然與人類一部分的「時間」，也成了用來測量的對象。

隨著不斷革新的文明發展，促成工業革命，而時間也眞的變成了「金錢」。

時間不是金錢

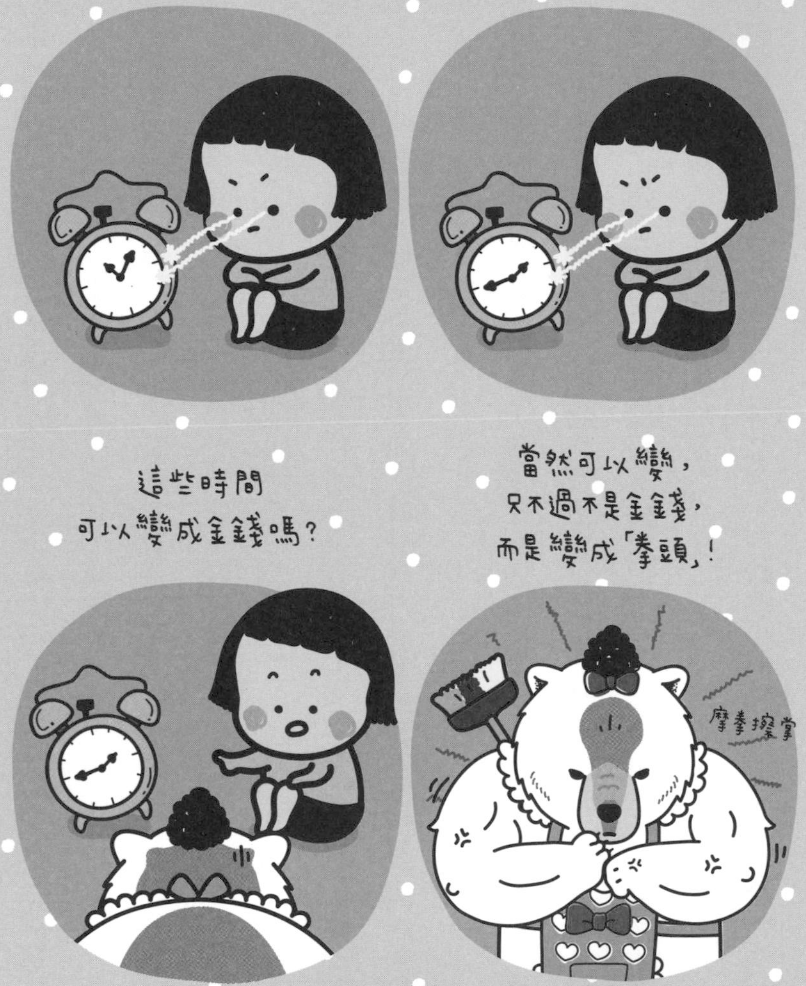
這些時間
可以變成金錢嗎？
當然可以變，
只不過不是金錢，
而是變成「拳頭」！
摩拳擦掌

火車準點運行、勞工按照工時獲得應有工資……這些都需要極精準地測量時間。因此，鐘錶以飛快的發展速度變得精密；自二十世紀中起，即使用誤差低於十兆分之一秒的原子鐘作爲標準時間。

本來存在於自然界的時間單位只有一天（地球自轉週期）、一個月（月亮自轉週期）、一年（地球公轉週期）；「一星期」也是人類爲了自己方便，才在不久前創造而成；在世界統一使用現今的月曆前，各種民族以四天至十天劃分一星期，相當多樣。一小時六十分，一分鐘六十秒，同樣是沿用古人習慣的六十進位法。

回顧「時間」的歷史，偶爾會覺得我們是不是賦予這種單純的度量衡太多意義了？不過，並不代表時間的價值就此消失，時間依然伴隨你我的人生共同前進。**換個角度，時間不是金錢，而是比金錢更重要的東西；至於是什麼樣的「東西」，並非由科學家或哲學家定義，只能由身處其中的我們，透過各自的人生經歷默默領悟。**

時間，是從永不止息的宇宙間所創造出的自然奧妙，而大多數的我們會在月曆或鐘錶裡，以數字的型態遇見時間。相較於繃緊神經聽著滴答滴答的鐘錶聲，不如用心傾聽日出日落、結霜融雪、花開花謝的大自然聲音吧！試著每天在同樣的位置拍攝風景，或翻找自己從前的照片……用雙眼看見時間，用心感受時間。

被時間管理背叛時

時間管理：就是用技巧、技術和工具幫助人們完成工作，實現目標。時間管理並不是要完成所有事情，而是更有效地運用時間。時間管理不是全盤掌控，而是降低變動性。時間管理最重要的功能是透過事先的規劃，作為一種提醒與指引。（資料來源：維基百科）

「時間管理」的概念始於工業革命以後。即便現今的時間管理除了屬於自我啟發領域的一環，也是品格的象徵，但時間管理的最初目的，卻是爲了有效管理難以數計的工廠勞工。

基於原始的意義，提出「時間管理」概念的創始者是美國的理工學者腓德烈・溫斯洛・泰勒（Frederick Winslow Taylor）。他使用馬表計算勞工的工時後，以平均值導出標準工時；多虧了他，讓管理者能預測勞工在一天內可以完成多少工作量。透過泰勒的時間管理研究與分工系統，十九世紀末的產業生產量有了突飛猛進的成長。

不過，由於「泰勒化」需要嚴密的計畫與控管，也引起違反人性的批評聲浪，查理・卓別林（Sir Charles Chaplin）即藉電影作品《摩登時代》（Modern Times）諷刺將人類視作機器的工業社會。

切碎時間完成不同工作的概念，正是因應工業社會的要求而產生。隨著工時成為給付勞工薪資的標準，而非工作量時，人與時間似乎就此成了不再見的平行線，僅是某種計算單位。

由於這種時間管理概念，必須以「虐待勞工以完成工作」為前提，現已成為過

一起休息一下再走吧！

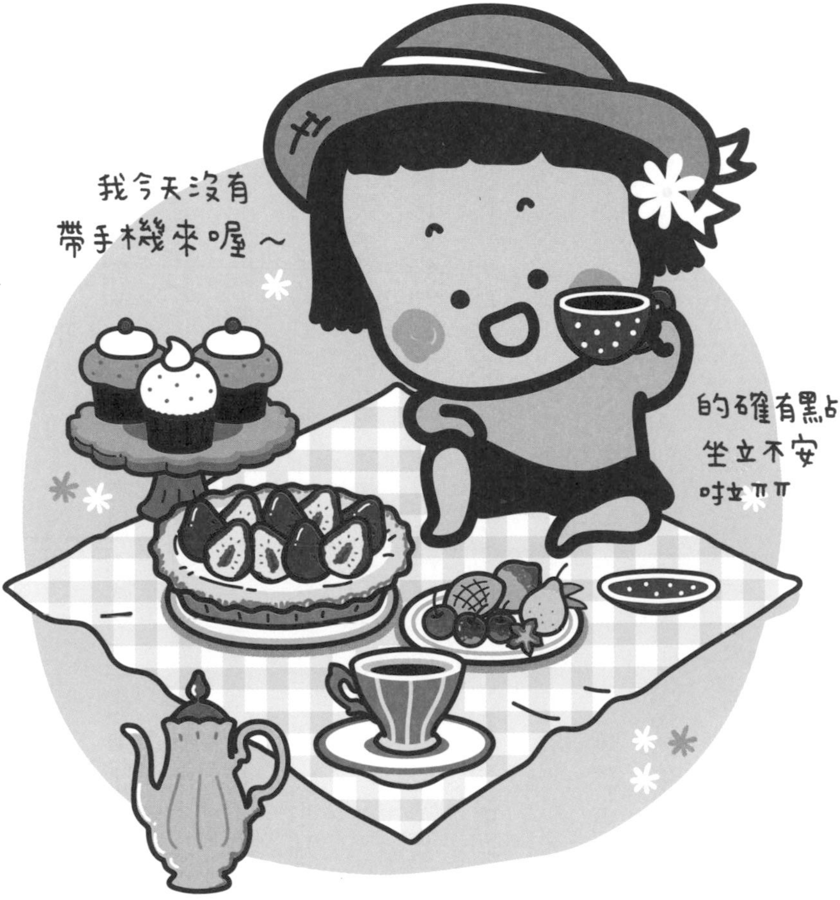
我今天沒有
帶手機來喔～
的確有點
坐立不安
啦TT

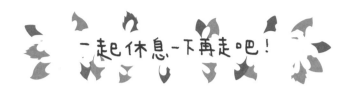

往時代的遺物；現在的我們相當清楚人類的生產效率不該與機器相提並論。

丹尼爾．品克（Daniel H. Pink）於著作《未來在等待的人才》（A Whole New Mind）中提到將來會從既存的「資訊化社會」轉變爲「概念與感性的社會」；此外，他也主張未來的人才需具備設計、陳述、協調、共鳴、深思、內涵等六項特質。

這些能力不是光靠勤奮做好時間管理就能產生，更重要的是透過某些行動，激發直覺與靈感的能力。因此，眞正必備的能力是：敏銳意識自己的直覺與靈感。

即便需要耗費許多時間一試再試，但是請從現在起試著探索自己獨有的優點和與衆不同。所有人都不喜歡的主修科系，只要我有興趣就鑽研；所有人都趨之若鶩的旅行或遊學，只要我覺得沒需要就拒絕。

時間管理的概念，是時候從催促人類的「馬表」，改變成反映人類情緒與思想的「鏡子」。現在快不快樂？過得好不好？只要看看自己內心的時鐘，便知分曉。

「年輕時別急著訂計畫，而是該勇於學習新事物。雖然難免遭逢挫敗，但若能藉由有價值的失敗成長，失敗便能成為自己的財產。」

丹尼爾・品克

兩種時間，chronos與kairos

在希臘語中，有許多與時間相關的詞彙，克洛諾斯（chronos）即爲其中之一，當我們指「看時間」「準時」等意思時，都會用到這個單字；是天體運行決定一天二十四小時的時間，也是所有人無法避免的生老病死的時間。

克洛諾斯一詞源自被稱爲「殘酷的時間之神」：克洛諾斯神。祂是希臘神話中天空之神烏拉諾斯與大地之神蓋亞所生的么子，也是宙斯的父親。克洛諾斯爲了替母親報仇，閹割了自己的父親，後來因爲擔心遭受詛咒，接連吞下了自己後代的殘暴之神。

狠狠吞噬一切的無情克洛諾斯，與人們畏懼的時間形象相似。自古以來，許多統治者都渴望永生，正是因爲恐懼終將面臨的權力衰落與死亡。克洛諾斯的時間，概括誰也掌握不了的時間的殘酷，以及人站在時間面前的無力。「編年史」（chronicle）的語源，正是來自chronos。

此外，還有另一個表現時間的詞彙，卡俄茹斯（kairos）。卡俄茹斯在希臘語中代表「恰好的瞬間」「機會」。卡俄茹斯神是希臘神話中宙斯的兒子，又被稱爲「機會之神」。從卡俄茹斯雕像可見祂只有額前劉海，後腦勺卻光禿禿的造型，手上拿著秤與刀，腳與肩膀則長有翅膀。

kairos，隨著人類肯下多少決心、如何選擇而改變內容、速度、意義的主觀時間；與無從違抗的chronos不同，kairos率先向人類伸出了手。因此，機會（occasion）的語源，則是來自kairos。

我們在chronos的時間裡，各自活出擁有自我色彩的kairos。

chronos的時間

明天早上開放搶購！
NEW
D-Day 1
雖然想過為了新產品熬夜，
可是善用時間才是眼前
最重要的事！
喔～喔～
但是真的好想去喔……ㅠㅠ
唉！這傢伙……
嗚……
埋頭努力太過空泛！
最重要是勇於嘗試！

就算同處一樣的空間，有些人覺得煩躁，有些人卻覺得快樂；有人是總覺得幸運之神從不眷顧自己的悲觀主義者，有人卻懂得靜待時機，每天都能捕捉到不同的機會。

在古希臘雕刻家利西普斯的卡俄茹斯像底下刻有一段文字：

我的劉海之所以茂密，是爲了盡量讓人們能輕易抓住我；

後腦勺之所以光禿禿，是爲了讓人錯過我之後，再也抓不到。

肩膀與後腳跟之所以有翅膀，是爲了用最快的速度消失；

手上拿著秤與刀，是代表人們每次遇到我時，都該謹愼判斷，明確決定。

我是卡俄茹斯，又名機會。

如果認爲人生不存在機會，那麼即便機會降臨眼前，也渾然不知，因爲機會就像閃電般，總在無從預料的剎那現身；同樣地，對於認爲愛是奢侈的人而言，也難以擁有驚天動地的愛。

內心時時抱持「自己擁有幸運的資格，隨時準備迎接幸運」，當機會來臨時，便能準確地將其一手收歸自己所有。

想要善用kairos時間，**最重要的正是「活出自我」**。如此一來，才能清楚這個機會究竟屬不屬於自己，也才能創造更多適合自己的機會。時間的主人，活在自己專屬的kairos時間。

時間與人際的關係

大學時期，心理學系有位已經退休的老教授，雖然是位當時年齡已屆七十五歲左右的女性，卻時刻活力充沛。教授在學期最後一堂課，談起了自己的過去。韓戰在教授十八歲那年爆發，爲了養家活口，她選擇前往美軍醫院工作。總是提早十五分鐘上班的她，不只刷洗原本負責的藥瓶，甚至利用早到的時間刷洗牆壁、地板，事事盡心完成。把這一切看在眼裡的某位醫生，開口拜託她當自己的論文助理。敬業樂業的態度，造就了巧妙的緣分，隨後更獲得總司令的協助，赴美留學。

教授最後對學生說了一段話：

「十五分鐘，只是預留了十五分鐘，卻造就了難以想像的緣分與機會，現代人卻連多留一分鐘都認爲是浪費時間。」這番話的意思明明和「早起的鳥兒有蟲吃」一樣，爲什麼讓人如此難以忘懷呢？

或許，大家覺得現今根本不可能再發生同樣的事情。這又是在替88萬圓世代畫大餅吧？如果十五分鐘可以扭轉人生，世界早就煥然一新了。但是，我卻抱持了不同的看法：

時間原本的意思，是「時與時之間」。如果沒了空隙，我們便無法留存回憶與歷史，一切就像點點座標般，出現又轉瞬消失。

所謂人際，也正是「人與人之間」，從未有人可以離群索居。再麻煩，再辛苦，同樣沒有人可以擺脫人際關係。發自內心尊敬能體悟這些智慧，並以文字記錄下來的歷史賢能。

時間與人際都該允許出現「空隙」。擁有越從容的空隙，人生改變的幅度越

模範生敏
哇！提早15分鐘到了！
先來預習今天的課～
耶!!
15分鐘後
叮咚噹咚～
Z·Z·Z
敏！上課了！
敏～
唸一下課本第64頁～
呃……
嗯……
哈哈哈哈
哈哈哈
有心無力的模範生！

大。周旋於人與人之間，增添了自己身上散發的香氣與魅力；人生的機會也會乘著時間空隙降臨。如同前述青春時期的教授，正是藉由這樣的空隙，造就了自己的不凡人生。

然而，現今你我所處的社會卻沒有任何空隙，一如通勤時間擠得五臟六腑扭曲的大眾運輸工具。緊貼的房子、永遠不夠用的時間、慣性算計的人際關係……因此，甚至抹殺了讓希望開花的空隙。

人們是時候回到「有空隙」的生活了。每個人都該握有一縷希望，開始能從每個人身上看到變化。想要釐清眞正的自我、充實人生、完成夢想……都能在「空隙」中找到解答。

與人相愛、向人付出眞心、不要害怕被傷害或失敗，就算遇到了，我們也能從中好好上一課。日益成長，成爲再也不畏懼時間與人際關係的人生主人！

手機成癮測驗
1) 帶手機上廁所。
2) 依賴手機，背不起任何一組電話號碼。
3) 電量下滑時感到不安。
4) 為了找手機遲到。
5) 遺失手機時，出現感覺震動的幻覺。
6) 一有訊息或電話時，必須立刻回話。
7) 傳訊息比面對面對話更自在。
8) 永遠帶著充電器。
9) 認為手機型號代表一個人。
10) 手機損毀，就像自己身體受傷一樣。
達5～7項：瀕臨手機成癮
達8～10項：手機成癮確診
愛，本來就讓人成癮～

寫下「88萬圓世代」的經濟學家禹晳熏認為，購買汽車或名牌包包不是投資，真正的投資是把金錢花在看電影、閱讀、交友。相較於斤斤計較一分一秒，更應把時間投資在自己認為有意義的事物。允許人生擁有越多的空隙，才是真正的時間管理。

浩瀚的時間，浩瀚的想法

在我成爲人生教練前，曾短暫在一間靈性教育研究所工作過。雖然規模不大，卻能帶給上門求助的人無數啓發，讓我總能從工作得到很大的收穫。某天和前同事一起吃完午餐，邊走回辦公室邊閒聊著無奇不有的故事，大多是沒什麼實質意義的政治、社會案件、意外時，我沒來由地向所長提問：

「大家都說三歲定八十，難道透過一點一滴的教育，世界就會改變嗎？」

所長的回答，堪稱是我人生受過數一數二的衝擊。

「妳個性太急了。我認爲自己現在

教授的東西得經過四百年後才會成爲主流……而我們不過是身先士卒地站在歷史洪流之前罷了。」

我們總是焦急地想要完成人生某項目標。授課時，我問大學生們：「希望自己何時達到人生巔峰？」大多數的他們都回答了小於二十九歲的年紀。迫在眉睫的就業問題，使大學生的內心都渴望能盡快找到解決問題的方法。古人最忌少年得志，可是現在若不趕在二十歲前下定決心，無疑只會淪爲「人生失敗組」，也難怪他們如此著急。日子一天天倒數，他們承受的壓力也與日俱增。

除了二十幾歲的人，很多人都希望「有生之年」能闖出一番成就，或得到幸運之神眷顧；任誰見到天災人禍發生時，都會暗自希望類似事件不會發生在自己身上。好事都歸自己所有，拚命躲過一切壞事。

然而，極少會遇見像心靈研究所所長一樣的人，能抱持「即使自己死去，再不存在於這個世界，只要日後自己所願終將完成，此生便足矣」的想法。

日本軟體銀行的孫正義會長即便在經歷泡沫經濟導致公司股價暴跌之際，始終認爲自己願意不惜代價扭轉全世界最緩慢卻昂貴的日本網路產業。

居住於美國東北部的美洲印第安人易洛魁族，深思熟慮「這項決定是否影響往後七個世代？」是他們做出任何決定的大前提。同樣地，我們身邊的生態運動家也希望在自己有生之年，爲了下一代與地球的未來妥善解決當代的問題，讓世界出現劃時代的改變。

在「浩瀚的時間」懷抱「浩瀚的想法」，必須擁有自己的期盼總有一天會實現的強烈責任感與信仰才行。就算在旁人眼裡是場毫無勝算可言的仗，他們卻能相信自己與未來展望的連結，而忽略他人的異樣眼光。對這群人來說，依循自己的目標勇往直前，才是最重要的。

即使不如他們有辦法顧及一百年、兩百年之後的世界，學會跳脫眼前所見，具備眺望未來的視角也是極重要的課題。

誰也無法準確預測將來。十年前，沒人料想得到智慧型手機會像今天一樣普及。然而，這正是有一群人不斷夢想讓生活過得更加便利，進而造就的成果。每個人的人生也該如此。身處茫茫大海，只要抱持「總有一天會實現」的希望，便能找到船隻航行的方向。

在短時間內完成自己並不那麼渴望的事，是否只是為了證明給別人看呢？在遙遠的未來，你希望自己過著什麼樣的生活？你我都需要在浩瀚的時間裡懷抱浩瀚的想法。

在此希望各位不要爲了急著就業，而謝絕與人往來；不要爲了生計，而放棄夢想；不要因爲生活艱難，而失去希望。

敏夢想的未來

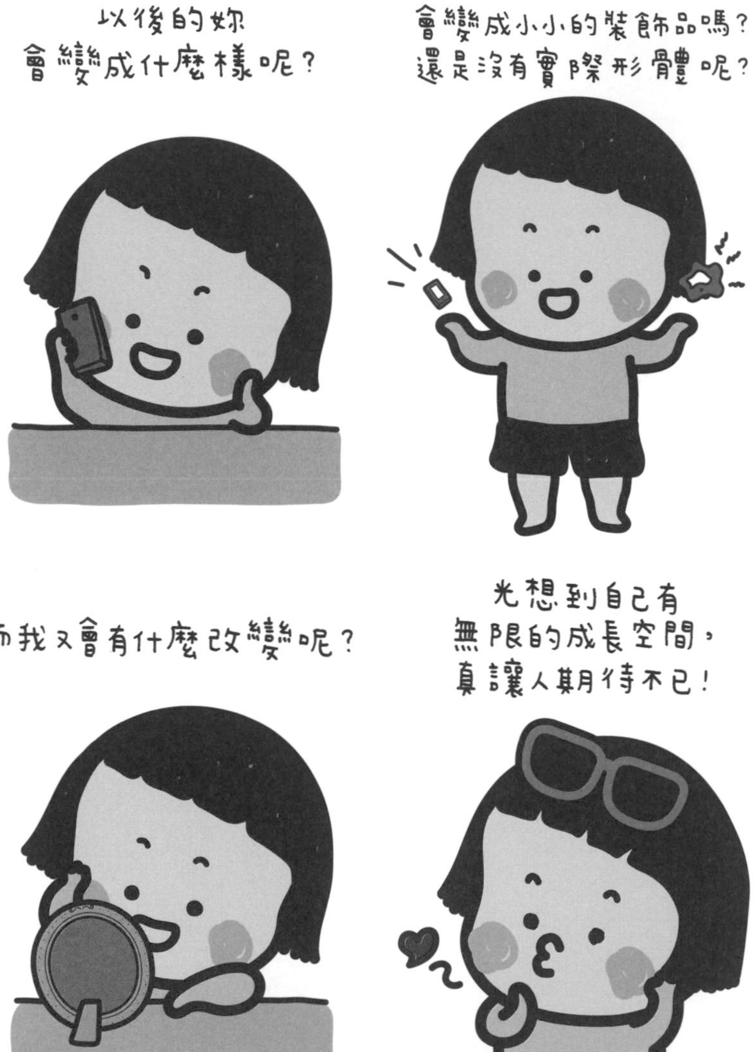
以後的妳
會變成什麼樣呢？
會變成小小的裝飾品嗎？
還是沒有實際形體呢？
而我又會有什麼改變呢？
光想到自己有
無限的成長空間，
真讓人期待不已！

日本壽司之神小野二郎榮獲米其林指南評選為最高齡的三星大廚，高齡近九十的他的夢想是「每天都做出比今天更美味的壽司」。

對我而言，藉由唯一夢寐以求的願望「夢想天天都過得比昨天更好」。讓自己在浩瀚的時間裡，時刻懷抱浩瀚的想法。

結語

時間，不是用來管理，而是用來享受

時間只是我們安排的某種東西，無論過去或現在，不過是隨心所欲而成。

—羅賓．格林（Robin Green）

麥克．安迪（Michael Ende）的《默默》（Momo）是爲遺忘時間的大人所寫的童話。住在圓形劇場附近的小女孩默默，擁有與眾不同的能力，她能靈敏地傾聽別人的話。只要和默默在一起，就會發生許多神奇的事，像是愚蠢的人出現有智慧的想法、木訥的人變身辯論家……隨著人們湧進圓形劇場，周遭開始變得熱鬧、有趣、和樂融融。

可是，某天村莊突然出現了一群陰沉的灰衣男人，自稱是「時間儲蓄銀行」的職員。

灰衣男人趁著村民深感自己人生很卑微之際，開始替他們計算至今浪費了多少時間在毫無意義的事物——與失聰的老母親對話、與朋友見面、與猶豫該不該結婚的人相愛等等，都是他們口中「毫無意義的事物」。灰衣男人唯一的建議是：「節省時間才是最重要的事，擁有越多，越好。」

自從村民被灰衣男人控制後，紛紛將「節省時間」奉爲圭臬，開始按照表訂計畫生活。結果，比從前賺進更多錢、穿戴昂貴服飾的他們，臉上滿布疲倦與不滿，只剩下再也看不見和善的眼神。他們不再浪費時間去找默默，默默又重新變得孤單。

以上是《默默》前半段的內容。雖然是四十年前的小說，卻與現今社會毫無差異。「當學生時，多的是時間卻沒錢；成了上班族後，有錢卻沒時間花。」是我以前經常發的牢騷。近來世道甚至不分學生或上班族，通通淪爲既沒錢也沒時間的人，內心盡是苦澀。

「如果能再多給我一點時間」是所有現代人的願望，尤其當人生一事無成或生活空虛時，更加劇對時間的渴盼。

小說描寫村民被強迫進行時間管理後，變得汲汲營營的模樣。然而，一直被認爲是替眾人節省時間的灰衣男人，最終其實是竊取村民人生的小偷！這是《默默》最具震撼力的逆轉橋段。

我們期盼的「時間主人」是什麼模樣？善用時間後，閒暇時間是否增加呢？時間是否通通適才適用，充實而豐富呢？再忙，也能從容不迫嗎？每個人都有不同的答案。

後來，赫勒博士拯救了默默，他喚醒她：「如同人們爲了看見光而有雙眼，爲了聽見聲音而有耳朵一樣，爲了感覺時間，我們才有了心。丟棄一切無法用心感覺的時間，如此一來，每個人就能擁有屬於自己的時間，也才能成爲眞正的時間主

現在，尋找我的專屬時間！

清晨時，散步

真心誠意地替花朵澆水

不為考試讀書，
而是為自己讀書

與阿姨邊喝茶邊分享
今天發生的事

夜晚時，仰望星空思考，
而非緊盯電視

當然，還是得玩一下手機～

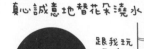

人。」

究竟，我們是否曾有一刹那當過時間的主人呢？當然有！那些眞心感受「活著眞好」的瞬間、燦爛大笑的日子、流著眼淚給予感動又深受感動的時刻、甜蜜午睡後彷彿重生般伸懶腰之際、思念愛人而倍感怦然的時光、拚命追尋夢想的一分一秒……這些時刻的我們，都是時間的主人。

我們爲了成爲時間的主人，來到了本書的尾聲。其實，我們從很久以前已是自己時間的主人了。衷心盼望各位能在人生的每一個日子裡，成爲願意聆聽自己心跳聲的人。

附錄

百分百實現的
神奇目標設計法

今日笑得最開懷的人，終將笑到最後一刻。

——尼采

魔法1 從過去找尋教訓

1）回顧成功

1.	2.	3.	4.	5.

● 成功的收穫

①我能成功的原因是什麼？

②我發揮了什麼專長？

③以後想再將這項專長運用在什麼地方？

2）回顧失敗

1.	2.	3.	4.	5.

• 失敗的收穫

①從這些經驗學到什麼？

②當時的自己想給現在的自己什麼建議？

③記取這些經驗，以後想做什麼改變？

魔法2 清楚真心想要的人生價值

自己人生真正重要的價值是什麼？

從下列價值目錄尋找適當的項目，然後挑選三樣自己最喜歡、最能代表自己的價值。假如找不到自己想要的，可以直接將適合的項目填進表格。

健康	家庭	自我實現	尊敬	充實
正直	信賴	和平	挑戰	公益
收穫	意義	個性	興趣	眞理
眞理	熱情	開創	誠實	友情
體貼	愛	改變	協助	自由
責任	快樂	共存	安定	成長
智慧	平等	禮儀	生命	寬容
社交	藝術	名聲	自然	信念
秩序	和諧	歸屬感	照顧	權威

我人生追求的價值是

________，________，________。

年度	目標

魔法4 抓住適合自己角色的平衡點

1）自己扮演的角色滿意度

	角色	滿足度（滿分十分）	評分原因
1.			
2.			
3.			
4.			
5.			

2）各角色的日後目標

	角色	目標
1.		• • •
2.		• • •
3.		• • •
4.		• • •
5.		• • •

3）重要目標「BEST 10」

	我的今年目標	（從魔法2導出的） 追求價值
1.		
2.		
3.		
4.		
5.		
6.		
7.		
8.		
9.		
10.		

相互責任夥伴	約定內容

MEMO

MEMO

MEMO

國家圖書館出版品預行編目資料

手機女孩不勉強時間管理法／趙庭嬅文字；Funnyeve繪圖；
王品涵譯.
——初版——臺北市：大田，民106.01
面；公分.——（Creative；105）

ISBN 978-986-179-471-6（平裝）

177.2　　105020913

Creative 105

手機女孩不勉強時間管理法

趙庭嬅◎文字
Funnyeve◎繪圖
王品涵◎譯
出版者：大田出版有限公司
台北市 10445 中山北路二段 26 巷 2 號 2 樓
E-mail：titan3@ms22.hinet.net　http：//www.titan3.com.tw
編輯部專線：（02）25621383　傳真：（02）25818761
【如果您對本書或本出版公司有任何意見，歡迎來電】
行政院新聞局版台業字第 397 號
法律顧問：陳思成律師

總編輯：莊培園
副總編輯：蔡鳳儀　執行編輯：陳顗如
校對：金文蕙／黃薇霓
手寫字：陳欣慧
初版：二〇一七年一月一日　定價：新台幣 350 元

印刷：上好印刷股份有限公司　（04）23150280
國際書碼：978-986-179-471-6　CIP：177.2/105020913

휴대폰 소녀 밈의 시간의 발견

From：地址：＿＿＿＿＿＿＿＿＿＿＿＿＿＿＿＿

姓名：＿＿＿＿＿＿＿＿＿＿＿＿＿＿＿＿

廣 告 回 信
台北郵局登記證
台北廣字第01764號

平 信

To：**大田出版有限公司 （編輯部）收**

地址：台北市 10445 中山區中山北路二段 26 巷 2 號 2 樓

電話：（02）25621383　傳真：（02）25818761

E-mail：titan3@ms22.hinet.net

＊請沿虛線剪下，對摺裝訂寄回，謝謝！

大田精美小禮物等著你！

只要在回函卡背面留下正確的姓名、E-mail和聯絡地址，
並寄回大田出版社，
你有機會得到大田精美的小禮物！
得獎名單每雙月10日，
將公布於大田出版「編輯病」部落格，
請密切注意！

大田編輯病部落格：http：//titan3.pixnet.net/blog/

智 慧 與 美 麗 的 許 諾 之 地

＊請沿虛線剪下，對摺裝訂寄回，謝謝！

讀者回函

你可能是各種年齡、各種職業、各種學校、各種收入的代表，
這些社會身分雖然不重要，但是，我們希望在下一本書中也能找到你。

名字／__________ **性別**／□女 □男　**出生**／______年_____月_____日

教育程度／____________________

職業：□ 學生□ 教師□ 內勤職員□ 家庭主婦□ SOHO族□ 企業主管
□ 服務業□ 製造業□ 醫藥護理□ 軍警□ 資訊業□ 銷售業務
□ 其他____________________

E-mail/____________________ 電話／________________

聯絡地址：____________________

你如何發現這本書的？________________ **書名：手機女孩不勉強時間管理法**

□書店閒逛時________書店 □不小心在網路書店看到（哪一家網路書店？）________

□朋友的男朋友(女朋友)灑狗血推薦 □大田電子報或編輯病部落格 □大田FB粉絲專頁

□部落格版主推薦____________________

□其他各種可能 ，是編輯沒想到的____________________

你或許常常愛上新的咖啡廣告、新的偶像明星、新的衣服、新的香水……
但是，你怎麼愛上一本新書的？

□我覺得還滿便宜的啦！ □我被內容感動 □我對本書作者的作品有蒐集癖

□我最喜歡有贈品的書 □老實講「貴出版社」的整體包裝還滿合我意的 □以上皆非

□可能還有其他說法，請告訴我們你的說法

____

你一定有不同凡響的閱讀嗜好，請告訴我們：

□哲學 □心理學 □宗教 □自然生態 □流行趨勢 □醫療保健 □ 財經企管□ 史地□ 傳記
□ 文學□ 散文□ 原住民 □ 小說□ 親子叢書□ 休閒旅遊□ 其他________________

你對於紙本書以及電子書一起出版時，你會先選擇購買

□ 紙本書□ 電子書□ 其他____________________

如果本書出版電子版，你會購買嗎？

□ 會□ 不會□ 其他____________________

你認為電子書有哪些品項讓你想要購買？

□ 純文學小說□ 輕小說□ 圖文書□ 旅遊資訊□ 心理勵志□ 語言學習□ 美容保養
□ 服裝搭配□ 攝影□ 寵物□ 其他____________________

請說出對本書的其他意見：

Time to Think

掌握時間的
主人是你自己嗎？

想一想，

你為學業／工作花費多少時間？

你為家庭花費多少時間？

你為朋友花費多少時間？

你為家事花費多少時間？

你上網花費多少時間？

你為自己花費多少時間？

Time to Think

為什麼越勉強，越容易失敗？

如果有些事你需要
不斷告訴自己「絕對不要做」，
不妨試著別勉強改變，
索性擺在腦海，
或找尋更快樂的方法面對。

試著把負面想法轉為正面思考：
不要浪費時間→盡力做到最好
不要遲到→從容出發
不要暴飲暴食→均衡飲食
改變缺點→善用優點

Time to Think

如何讓時間
成為你的好夥伴？

希波的奧古斯丁（Augustine of Hippo）主張「時間以記憶、注意、期待的形式存在人心」。

如果想讓時間成為自己的夥伴，
內心必須保持好奇與熱情的態度。

Time to Think

計畫會消失，但記錄依然存在？

一個人如果想成為某種領域的專家時，
最少需要投入一萬個小時。
只要能不斷維持，
總有一天可以填滿一萬個小時。
現在起，別再訂立不能實現的計畫，
實際記錄為目標努力的時間吧！

Part 01

找到屬於你的不勉強時間管理法

用圓餅圖規畫你的一天，
旁邊的空白頁讓你自由發揮。

使用說明

根據自己的課業、工作等，來規畫一整天。

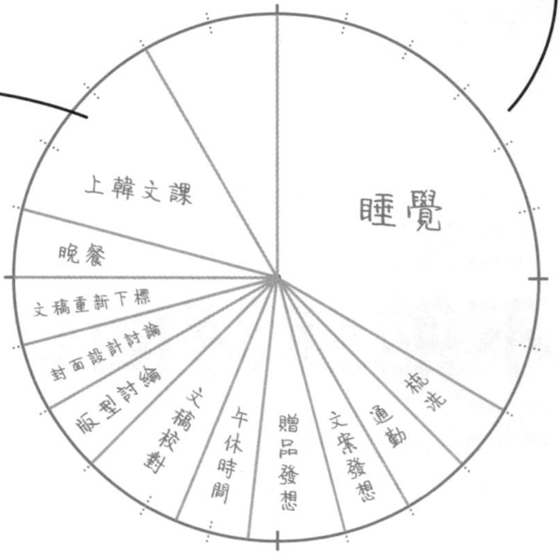

下班後，安排自己的時間。

○打給廠商詢價

○聯絡譯者

○申請公關書

○申請 ISBN

○找贈品 Sample

○寄文稿給校對

可以寫 To Do List，或是心情日記，甚至是畫圖都 OK！

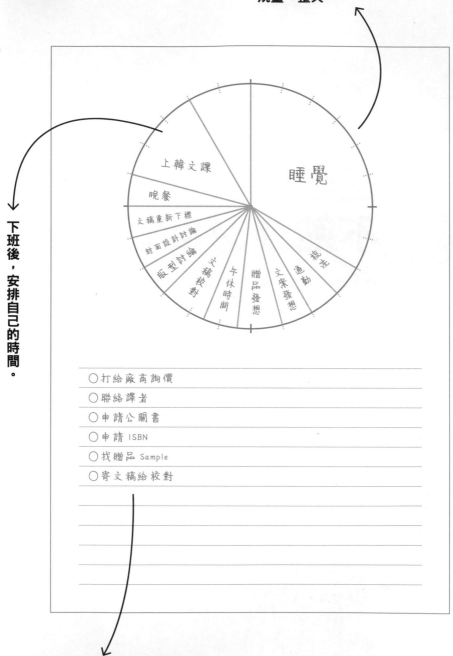

2017 11 22《手機女孩不勉強時間管理法》

※（內容摘句）

擅長時間管理的人，並不是拼命為未來做準備的人，而是擅於「活在當下」的人。原因在於，我們真正能掌握的時間，唯有當下。

◎（讀後感）

什麼是當下？書中提到當下大約是三秒的時間，如果當下只有三秒，我可以做什麼？我可以寫一個字、喝一口水、給好朋友一個擁抱、深呼吸……，這樣想想，若能有意識地感覺當下，三秒其實不算短嘛！

無論任何情況，我們都能自己決定面對時間的態度，這就是成為時間主人的第一步。

在空白處寫讀書筆記，貼上喜歡的貼紙或拍立得，記錄豐富的每一天。

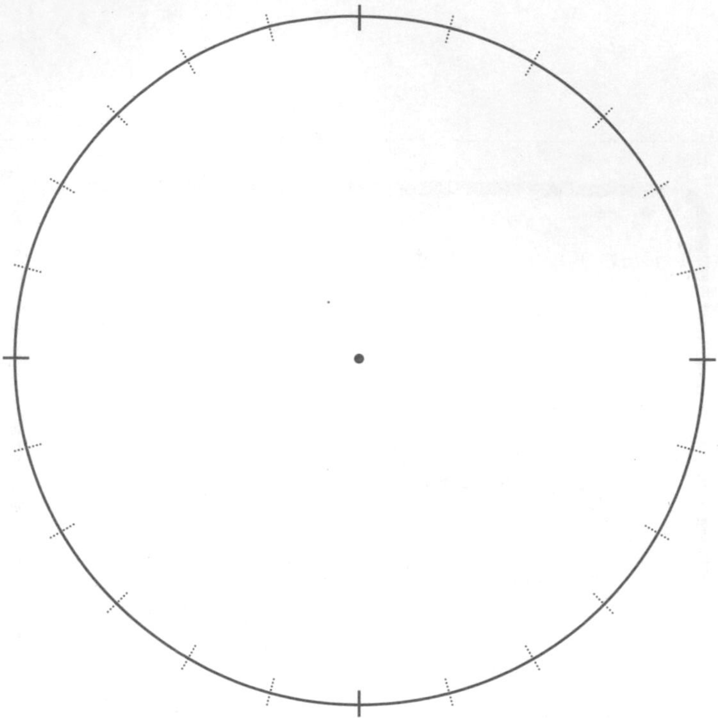

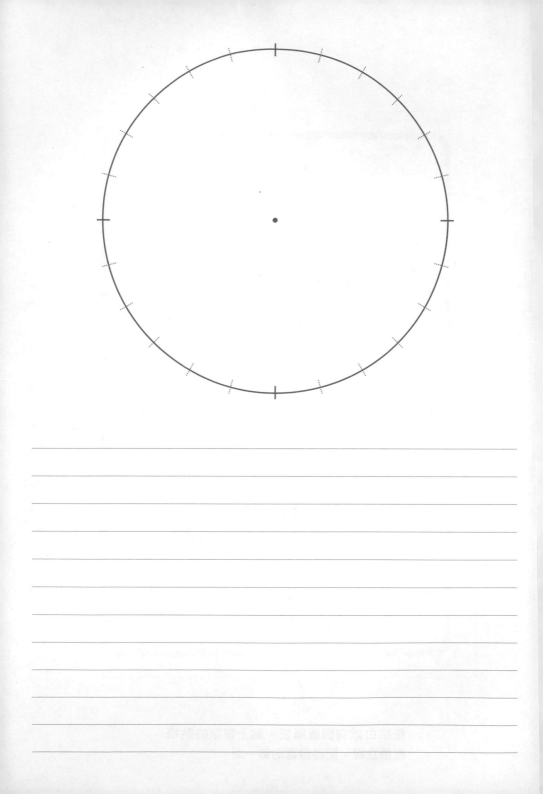

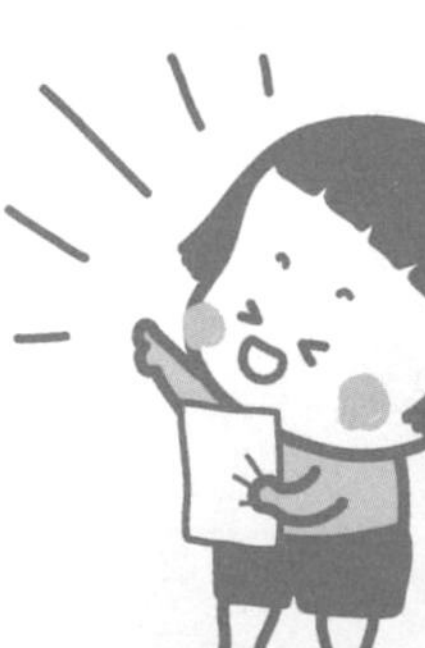

百分百完成一件事後，再著手下一件事，
更能有效率地發揮能量與時間。

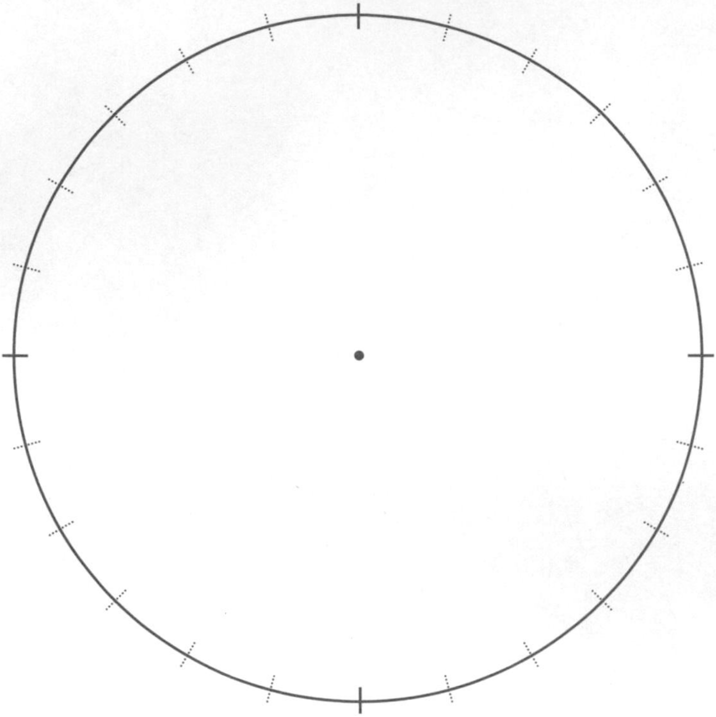

為了不被時間追著跑，需要學會適度拒絕。
這樣才能保障待辦工作的優先順序。

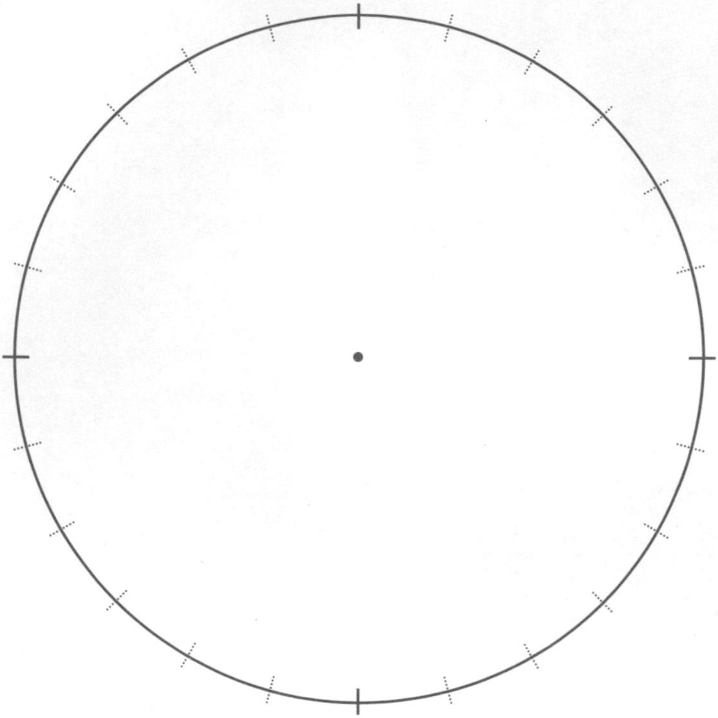

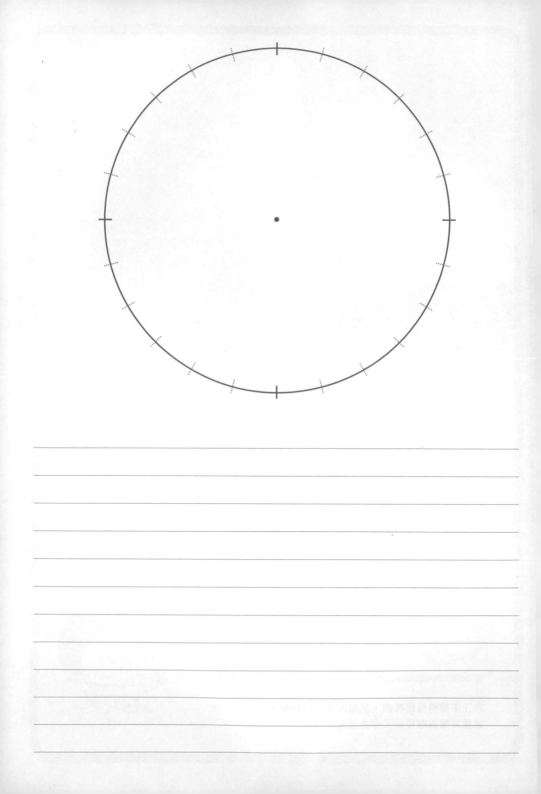

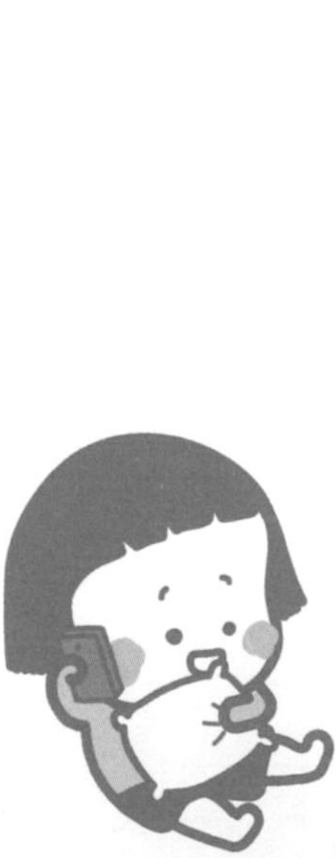

休息不是偷懶或退步，而是為求跑得更遠、跳得更高時，
不可或缺的要素。

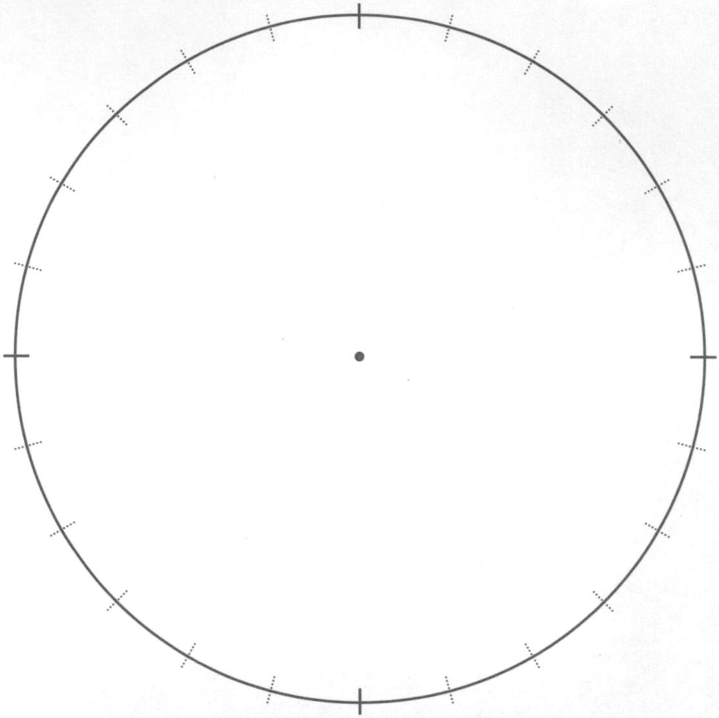

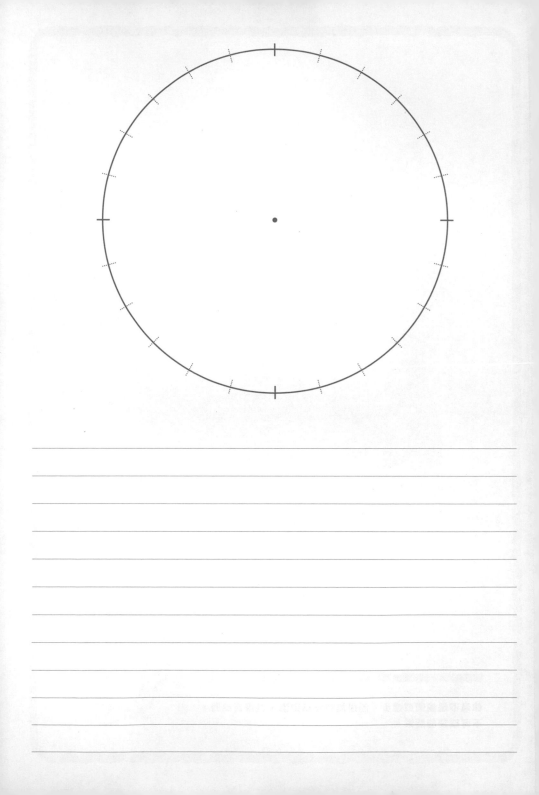

擅長時間管理的人，並不是拚命為未來做準備的人，
而是擅於「活在當下」的人。

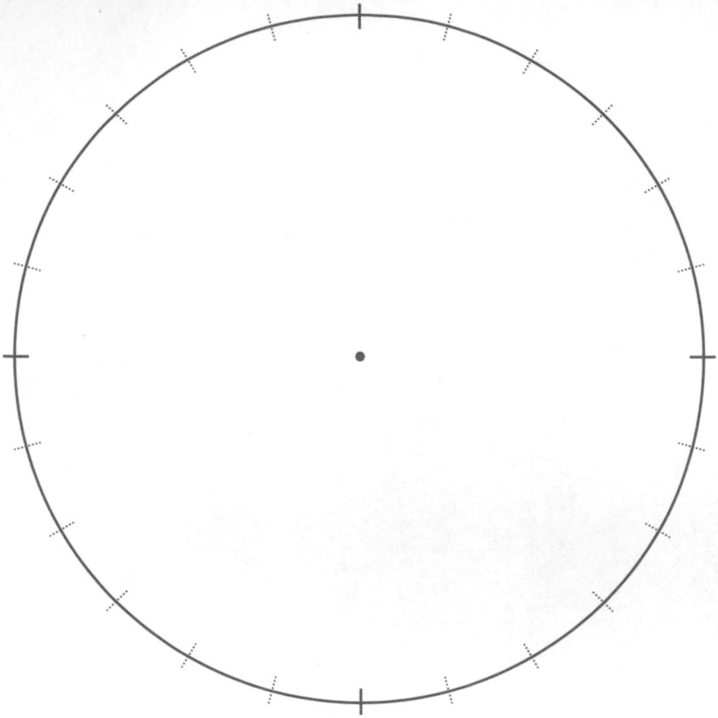

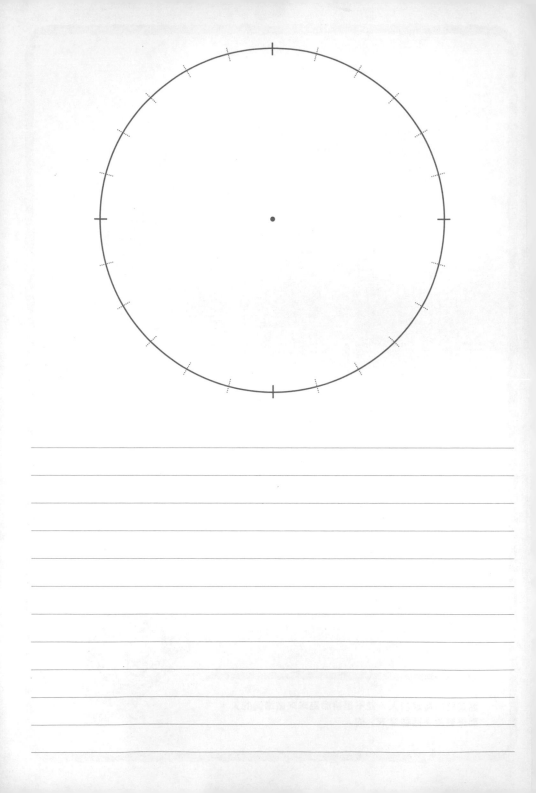

駕馭時間的鑰匙是快樂的心、
對時間保持從容的態度、專注力。

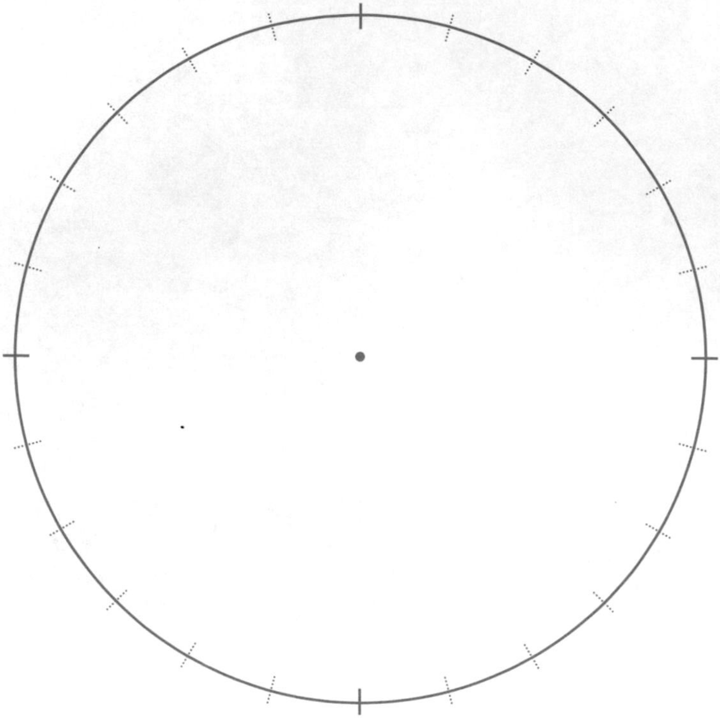

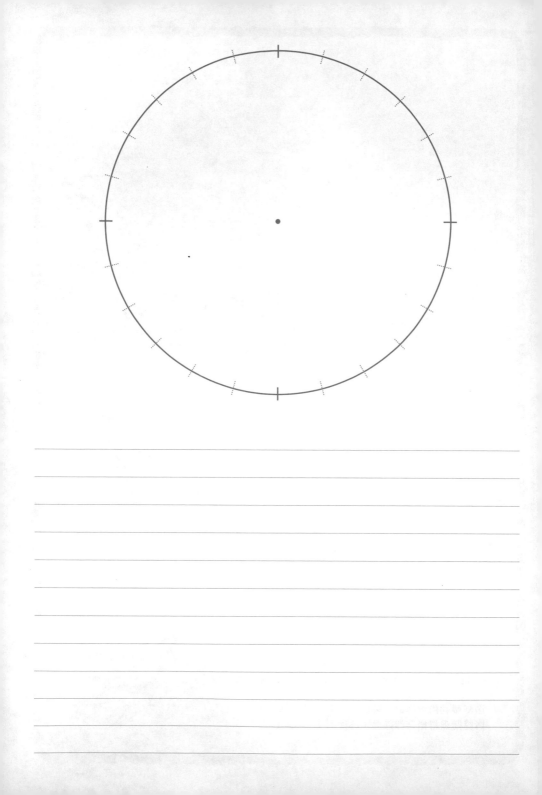

不要為了急著就業，而謝絕與人往來；不要為了生計，
而放棄夢想；不要因為生活艱難，而失去希望。

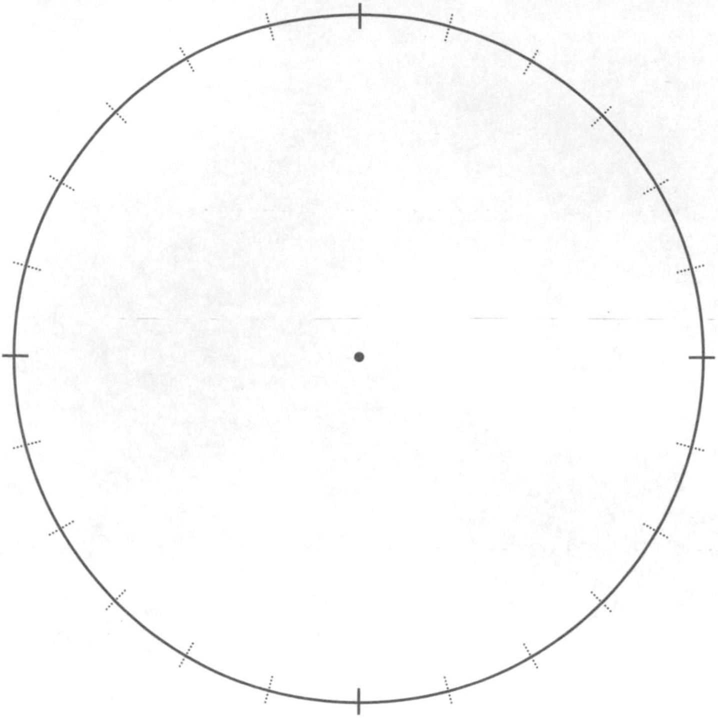

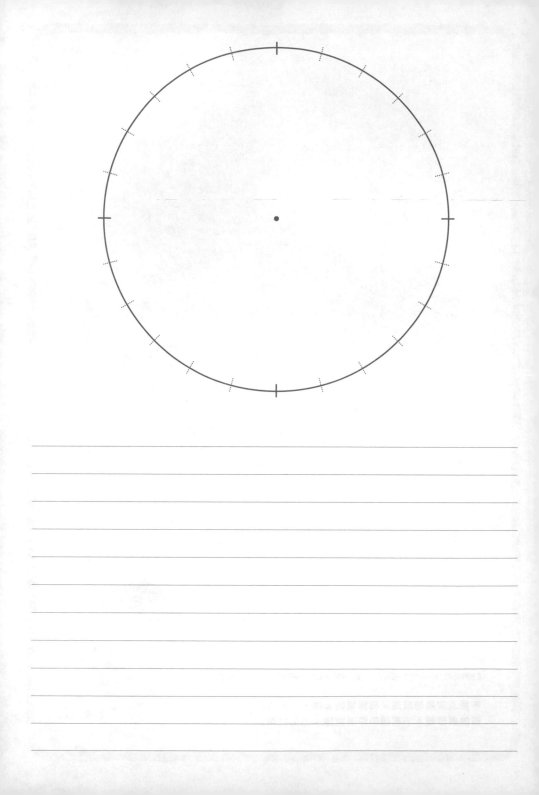

一個人如果想成為某種領域的專家，
最少需要投入一萬個小時。

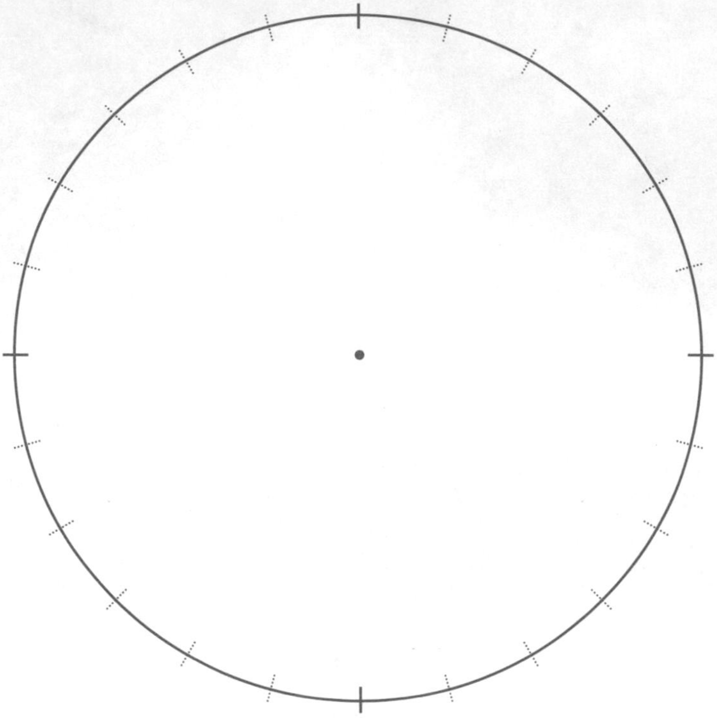

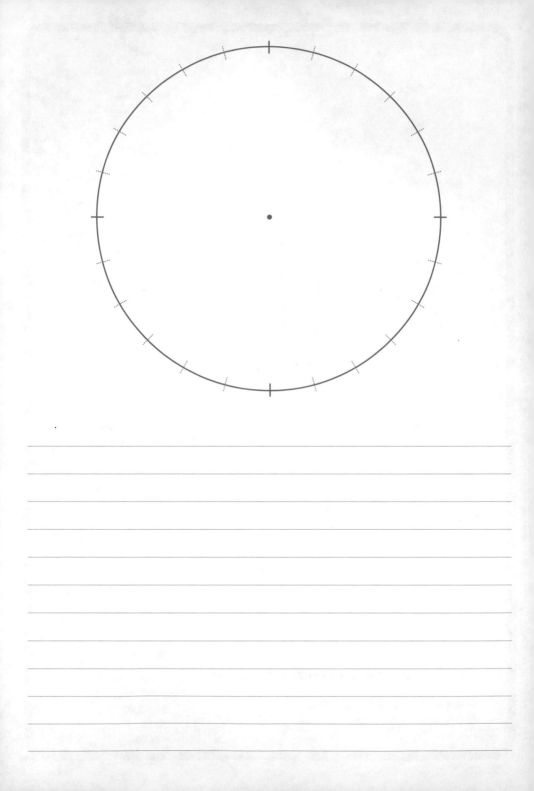

Part 02

20小時記錄表

記錄自己每天實踐目標的時間，
立刻看得見目標與現實間的差異。

使用說明

每畫下一個時鐘，就朝你的目標更進一步。

也可以畫笑臉當成記錄！

或者你也可以寫下你的努力事項與心情。

20
小時達成
LET'S DO IT
小本的畫冊集!!!
12 5
ILLUSTRATE PLANNING START! 1
12 6
2hr.
12 7
3hr.
12 10
TODAY DONE IT!
4ed hr
12 11
5hr.
12 12
quick sketching 2 pics hehe
6ed hr
12 17
12 19
QUICK SKETCHING
【8】
快累積 10 小時了！
12 20
NINTH
12 21
10hr
12 22
pencil good friend.
12 24
WATER-COLOUR
12 hr
12 25
12 27
14hr
12 28
YEAH ~~~
目標快達成了！
12 29
12 30
17
1 1
新年新希望
1 2
19hr
1 3
DONE
20 小時達成！

20 小時達成

月 | 日 1hr

月 | 日 2hr

月 | 日 3hr

月 | 日 4hr

月 | 日 5hr

月 | 日 6hr

月 | 日 7hr

月 | 日 8hr

月 | 日 9hr

月 | 日 10hr

月 | 日 11hr

月 | 日 12hr

快累積 10 小時了！

月 | 日 13hr

月 | 日 14hr

月 | 日 15hr

月 | 日 16hr

月 | 日 17hr

目標快達成了！

月 | 日 18hr

月 | 日 19hr

月 | 日 20hr

20 小時達成！

20 小時達成

月 日 1hr

月 日 2hr

月 日 3hr

月 日 4hr

月 日 5hr

月 日 6hr

月 日 7hr

月 日 8hr

快累積 10 小時了！

月 日 9hr

月 日 10hr

月 日 11hr

月 日 12hr

月 日 13hr

月 日 14hr

月 日 15hr

目標快達成了！

月 日 16hr

月 日 17hr

月 日 18hr

月 日 19hr

月 日 20hr

20 小時達成！

20 ▶ 小時達成

月 日 1hr	月 日 2hr	
月 日 3hr	月 日 4hr	月 日 5hr
月 日 6hr	月 日 7hr	
月 日 8hr	月 日 9hr	月 日 10hr
月 日 11hr	月 日 12hr	
月 日 13hr	月 日 14hr	月 日 15hr
月 日 16hr	月 日 17hr	
月 日 18hr	月 日 19hr	月 日 20hr

快累積 10 小時了！

目標快達成了！

20 小時達成！

20 小時達成

月 日 1hr	月 日 2hr			
月 日 3hr	月 日 4hr	月 日 5hr	月 日 6hr	月 日 7hr
月 日 8hr	月 日 9hr	月 日 10hr	月 日 11hr	月 日 12hr
月 日 13hr	月 日 14hr	月 日 15hr	月 日 16hr	月 日 17hr
月 日 18hr	月 日 19hr	月 日 20hr		

快累積 10 小時了！

目標快達成了！

20 小時達成！

20 小時達成

			月 日 1hr	月 日 2hr
月 日 3hr	月 日 4hr	月 日 5hr	月 日 6hr	月 日 7hr
月 日 8hr 快累積 10 小時了！	月 日 9hr	月 日 10hr	月 日 11hr	月 日 12hr
月 日 13hr	月 日 14hr	月 日 15hr 目標快達成了！	月 日 16hr	月 日 17hr
月 日 18hr	月 日 19hr	月 日 20hr 20 小時達成！		

20 小時達成

月 | 日 1hr

月 | 日 2hr

月 | 日 3hr

月 | 日 4hr

月 | 日 5hr

月 | 日 6hr

月 | 日 7hr

月 | 日 8hr

快累積 10 小時了！

月 | 日 9hr

月 | 日 10hr

月 | 日 11hr

月 | 日 12hr

月 | 日 13hr

月 | 日 14hr

月 | 日 15hr

目標快達成了！

月 | 日 16hr

月 | 日 17hr

月 | 日 18hr

月 | 日 19hr

月 | 日 20hr

20 小時達成！

20 小時達成

月 日	月 日
1hr	2hr

月 日	月 日	月 日	月 日	月 日
3hr	4hr	5hr	6hr	7hr

月 日	月 日	月 日	月 日	月 日
8hr	9hr	10hr	11hr	12hr

快累積 10 小時了！

月 日	月 日	月 日	月 日	月 日
13hr	14hr	15hr	16hr	17hr

目標快達成了！

月 日	月 日	月 日
18hr	19hr	20hr

20 小時達成！

20 小時達成

			月 | 日 1hr	月 | 日 2hr
月 | 日 3hr	月 | 日 4hr	月 | 日 5hr	月 | 日 6hr	月 | 日 7hr
月 | 日 8hr	月 | 日 9hr	月 | 日 10hr	月 | 日 11hr	月 | 日 12hr
快累積 10 小時了！				
月 | 日 13hr	月 | 日 14hr	月 | 日 15hr	月 | 日 16hr	月 | 日 17hr
		目標快達成了！		
月 | 日 18hr	月 | 日 19hr	月 | 日 20hr		
		20 小時達成！		

20 小時達成

月 日 1hr

月 日 2hr

月 日 3hr

月 日 4hr

月 日 5hr

月 日 6hr

月 日 7hr

月 日 8hr

快累積 10 小時了！

月 日 9hr

月 日 10hr

月 日 11hr

月 日 12hr

月 日 13hr

月 日 14hr

月 日 15hr

目標快達成了！

月 日 16hr

月 日 17hr

月 日 18hr

月 日 19hr

月 日 20hr

20 小時達成！

20 小時達成

月 | 日 1hr

月 | 日 2hr

月 | 日 3hr

月 | 日 4hr

月 | 日 5hr

月 | 日 6hr

月 | 日 7hr

月 | 日 8hr

快累積 10 小時了！

月 | 日 9hr

月 | 日 10hr

月 | 日 11hr

月 | 日 12hr

月 | 日 13hr

月 | 日 14hr

月 | 日 15hr

目標快達成了！

月 | 日 16hr

月 | 日 17hr

月 | 日 18hr

月 | 日 19hr

月 | 日 20hr

20 小時達成！

20 小時達成

月 日	月 日	月 日	月 日	月 日
			1hr	2hr
3hr	4hr	5hr	6hr	7hr
8hr	9hr	10hr	11hr	12hr
13hr	14hr	15hr	16hr	17hr
18hr	19hr	20hr		

快累積 10 小時了！

目標快達成了！

20 小時達成！

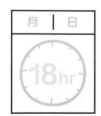

20 小時達成

月 | 日 1hr

月 | 日 2hr

月 | 日 3hr

月 | 日 4hr

月 | 日 5hr

月 | 日 6hr

月 | 日 7hr

月 | 日 8hr

快累積 10 小時了！

月 | 日 9hr

月 | 日 10hr

月 | 日 11hr

月 | 日 12hr

月 | 日 13hr

月 | 日 14hr

月 | 日 15hr

目標快達成了！

月 | 日 16hr

月 | 日 17hr

月 | 日 18hr

月 | 日 19hr

月 | 日 20hr

20 小時達成！

20 小時達成

月 日 1hr

月 日 2hr

月 日 3hr

月 日 4hr

月 日 5hr

月 日 6hr

月 日 7hr

月 日 8hr

快累積 10 小時了！

月 日 9hr

月 日 10hr

月 日 11hr

月 日 12hr

月 日 13hr

月 日 14hr

月 日 15hr

目標快達成了！

月 日 16hr

月 日 17hr

月 日 18hr

月 日 19hr

月 日 20hr

20 小時達成！

20 小時達成

月 日	月 日
1hr	2hr

月 日	月 日	月 日	月 日	月 日
3hr	4hr	5hr	6hr	7hr

月 日	月 日	月 日	月 日	月 日
8hr	9hr	10hr	11hr	12hr

快累積 10 小時了！

月 日	月 日	月 日	月 日	月 日
13hr	14hr	15hr	16hr	17hr

目標快達成了！

月 日	月 日	月 日
18hr	19hr	20hr

20 小時達成！

20 小時達成

			月 日 1hr	月 日 2hr
月 日 3hr	月 日 4hr	月 日 5hr	月 日 6hr	月 日 7hr
月 日 8hr 快累積 10 小時了！	月 日 9hr	月 日 10hr	月 日 11hr	月 日 12hr
月 日 13hr	月 日 14hr	月 日 15hr 目標快達成了！	月 日 16hr	月 日 17hr
月 日 18hr	月 日 19hr	月 日 20hr 20 小時達成！		

20 小時達成

月 日	1hr
月 日	2hr
月 日	3hr
月 日	4hr
月 日	5hr
月 日	6hr
月 日	7hr
月 日	8hr
月 日	9hr
月 日	10hr
月 日	11hr
月 日	12hr
月 日	13hr
月 日	14hr
月 日	15hr
月 日	16hr
月 日	17hr
月 日	18hr
月 日	19hr
月 日	20hr

快累積 10 小時了！

目標快達成了！

20 小時達成！

20 小時達成

月 | 日
1hr

月 | 日
2hr

月 | 日
3hr

月 | 日
4hr

月 | 日
5hr

月 | 日
6hr

月 | 日
7hr

月 | 日
8hr

月 | 日
9hr

月 | 日
10hr

月 | 日
11hr

月 | 日
12hr

快累積 10 小時了！

月 | 日
13hr

月 | 日
14hr

月 | 日
15hr

月 | 日
16hr

月 | 日
17hr

目標快達成了！

月 | 日
18hr

月 | 日
19hr

月 | 日
20hr

20 小時達成！

20 ▶ 小時達成

月 | 日 1hr

月 | 日 2hr

月 | 日 3hr

月 | 日 4hr

月 | 日 5hr

月 | 日 6hr

月 | 日 7hr

月 | 日 8hr

月 | 日 9hr

月 | 日 10hr

月 | 日 11hr

月 | 日 12hr

快累積 10 小時了！

月 | 日 13hr

月 | 日 14hr

月 | 日 15hr

月 | 日 16hr

月 | 日 17hr

目標快達成了！

月 | 日 18hr

月 | 日 19hr

月 | 日 20hr

20 小時達成！

20 小時達成

			月｜日 1hr	月｜日 2hr
月｜日 3hr	月｜日 4hr	月｜日 5hr	月｜日 6hr	月｜日 7hr
月｜日 8hr	月｜日 9hr	月｜日 10hr	月｜日 11hr	月｜日 12hr
快累積 10 小時了！				
月｜日 13hr	月｜日 14hr	月｜日 15hr	月｜日 16hr	月｜日 17hr
		目標快達成了！		
月｜日 18hr	月｜日 19hr	月｜日 20hr		
		20 小時達成！		

20 小時達成

			月 日 1hr	月 日 2hr
月 日 3hr	月 日 4hr	月 日 5hr	月 日 6hr	月 日 7hr
月 日 8hr	月 日 9hr	月 日 10hr	月 日 11hr	月 日 12hr
快累積 10 小時了！				
月 日 13hr	月 日 14hr	月 日 15hr	月 日 16hr	月 日 17hr
		目標快達成了！		
月 日 18hr	月 日 19hr	月 日 20hr		
		20 小時達成！		

20 小時達成

月 日 1hr

月 日 2hr

月 日 3hr

月 日 4hr

月 日 5hr

月 日 6hr

月 日 7hr

月 日 8hr

月 日 9hr

月 日 10hr

月 日 11hr

月 日 12hr

快累積 10 小時了！

月 日 13hr

月 日 14hr

月 日 15hr

月 日 16hr

月 日 17hr

目標快達成了！

月 日 18hr

月 日 19hr

月 日 20hr

20 小時達成！

20 小時達成

			月 日 1hr	月 日 2hr
月 日 3hr	月 日 4hr	月 日 5hr	月 日 6hr	月 日 7hr
月 日 8hr	月 日 9hr	月 日 10hr	月 日 11hr	月 日 12hr
快累積 10 小時了！				
月 日 13hr	月 日 14hr	月 日 15hr	月 日 16hr	月 日 17hr
		目標快達成了！		
月 日 18hr	月 日 19hr	月 日 20hr		
		20 小時達成！		

每個人都需要放空，
心才能容納新的想法與感受。
當你內心備感壓迫時，
就放空吧！就休息吧！

© Funnyeve・繪圖